롤플레이 일본어 회화

재미있게 일본어 회화를 배우는 중고급 일본어 교재

롤플레이 일본어 회화

사사 히로코 · 박은정 지음

HU:iNE

롤플레이
일본어 회화

표기 방법에 대해서

	표기 방법	품사 및 활용형	예
명사	명	명사	犬／人／夢
	명 + である		犬(である)／人(である)／夢(である)
	명(보통형)	명사 보통형	犬だ／犬ではない／犬だった／犬ではなかった
な형용사	な형어간	な형용사 어간	きれい／ハンサム／元気
	な형어간 + である		きれい(である)／ハンサム(である)／元気(である)
	な형어간 + だった	な형용사 과거형	きれいだった／ハンサムだった／元気だった
	な형어간 + ではなかった	な형용사 과거부정형	きれいではなかった／ハンサムではなかった／元気ではなかった
	な형(보통형)	な형용사 보통형	きれいだ／きれいである／きれいではない／きれいだった／きれいではなかった
い형용사	い형(기본형)	い형용사 기본형	寒い／かわいい／楽しい
	い형어간	い형용사 어간	寒／かわい／楽し
	い형어간 + くない	い형용사 부정형	寒くない／かわいくない／楽しくない
	い형어간 + くて	い형용사 て형	寒くて／かわいくて／楽しくて
	い형어간 + かった	い형용사 과거형	寒かった／かわいかった／楽しかった
	い형어간 + くなかった	い형용사 과거부정형	寒くなかった／かわいくなかった／楽しくなかった
	い형어간 + ければ	い형용사 조건형	寒ければ／かわいければ／楽しければ
	い형(보통형)	い형용사 보통형	寒い／寒くない／寒かった／寒くなかった

	표기 방법	품사 및 활용형	예
동사	동(기본형)	동사 기본형	行く／見る／来る／する
	동(た형)	동사 た형	行った／見た／来た／した
	동(て형)	동사 て형	行って／見て／来て／して
	동(ます형)	동사 ます형	行き／見／来／し
	동(ない형)	동사 ない형	行か／見／来／し
	동(조건형)	동사 조건형	行けば／見れば／来れば／すれば
	동(의지형)	동사 의지형	行こう／見よう／来よう／しよう
	동(가능형)	동사 가능형	行ける／見られる／来られる／できる
	동(수동형)	동사 수동형	行かれる／見られる／来られる／される
	동(사역형)	동사 사역형	行かせる／見させる／来させる／させる
	동(보통형)	동사 보통형	行く／行かない／行った／行かなかった

(동)	동사	(동)	동사
(い형)	い형용사	(조동)	조동사
(な형)	な형용사	(격조)	격조사
(명)	명사	(부조)	부조사
(대)	대명사	(계조)	계조사
(부)	부사	(접속조)	접속조사
(연체)	연체사	(종조)	종조사
(접)	접속사	(간투조)	간투조사
(감)	감동사	スル	する동사

목차

Lesson 1 음식

01. 오늘 저녁은 햄버그스테이크로 할까?

中野(なかの)　今日(きょう)の夕食(ゆうしょく)、ハンバーグにしようかな。

青木(あおき)　ハンバーグって、見(み)た目(め)がシンプルなわりに、作(つく)るのが面倒(めんどう)じゃないですか。

中野(なかの)　そう？作(つく)り方次第(かたしだい)だと思(おも)うよ。

青木(あおき)　玉(たま)ねぎも、あめ色(いろ)になるまで、炒(いた)めないといけないんですよね。

中野(なかの)　炒(いた)めるかわりに、レンジでチンしても大丈夫(だいじょうぶ)だよ。

青木(あおき)　へえ、そうなんですか。だったらちょっと楽(らく)ができますね。

나카노	오늘 저녁은 햄버그스테이크로 할까?
아오키	햄버그스테이크는 보기에는 간단한데 만드는 게 번거롭지 않아요?
나카노	그래? 만드는 방법 나름이라고 생각하는데.
아오키	양파도 황갈색이 날 때까지 볶아야 하잖아요.
나카노	볶는 대신에 전자레인지에 돌려도 괜찮아.
아오키	아, 그래요? 그럼 좀 편하겠네요.

어휘

見(み)た目(め)	(명)겉보기, 외관
シンプル(simple)	(な형)심플, 단순함, 간단함
面倒(めんどう)	(명/な형)귀찮음, 성가심
炒(いた)める	(동)볶다
あめ色(いろ)	(명)물엿 색깔, 투명한 황갈색
レンジ(range)	(명)전자레인지
チンする	(동)전자레인지로 돌리다
へえ	(감)어, 허, 저런, 감탄하거나 어이없거나 놀랐을 때 내는 소리.
楽(らく)	(명/な형)편안함, 쉬움

주요문형

1 ～って(주제) -라는 것은

ハンバーグ<u>って</u>、作(つく)るのが面倒(めんどう)じゃないですか。

햄버그스테이크는 만드는 게 번거롭지 않아요?

> 명사/문장(の) + って
>
> - '～とは(~란)' '～というものは(~라는 것은)'라는 의미이다.
> - 주제를 나타낼 때 사용한다.
> - 회화에서 사용하는 경우가 많다.

예문

❶ A : 最近(さいきん)、後輩(こうはい)に仕事(しごと)を教(おし)えてるんだけど、なかなかうまく説明(せつめい)ができないんだよね。

B : 人(ひと)に何(なに)かを教(おし)えるのって、難(むずか)しいよね。

A : 요즘 후배에게 일을 가르치고 있는데 설명이 좀처럼 잘되지 않네.

B : 남에게 뭔가를 가르친다는 건 어렵지.

❷ A : ねえ、短期(たんき)でバイトしたい子(こ)、いないかな？

B : 短期(たんき)って、どれくらい？

A : 저기, 단기 아르바이트 할 사람이 없을까?

B : 단기라면 어느 정도?

❸ A : 山田(やまだ)さんさ、会社(かいしゃ)辞(や)めるらしいよ。

B : えっ、山田(やまだ)さんって、あの山田(やまだ)さん？

A : 야마다 씨, 회사 그만둔다고 하더라.

B : 뭐, 야마다 씨라면 (우리가 아는) 그 야마다 씨?

2 ～わりに(は)　-치고는/-에 비해서는

ハンバーグって、見(み)た目(め)がシンプルなわりに、作(つく)るのが面倒(めんどう)じゃないですか。

햄버그스테이크는 보기에는 간단한데 만드는 게 번거롭지 않아요?

> 동(보통형)/い형(보통형)/な형어간な/な형어간である/명の/명である＋わりに(は)
>
> - 'Aのわりに(は) B'의 형태로 사용하며 'A를 기준으로 삼으면 B는 예외다'라는 의미를 나타낸다.
> - '給料(きゅうりょう)(월급)' '時間(じかん)(시간)' '値段(ねだん)(가격)' '年齢(ねんれい)(나이)' 같은 기준을 나타내는 명사와 함께 사용할 때도 있다.

예문

❶ A：えっ、これ古着(ふるぎ)なの？新品(しんぴん)かと思(おも)った。

B：でしょ？古着(ふるぎ)のわりには、状態(じょうたい)が良(よ)かったんだ。

A：어, 이게 헌옷이야? 새것인 줄 알았네.

B：그렇지? 헌옷치고는 상태가 좋았어.

❷ A：鈴木(すずき)さんって、まだ二十五歳(にじゅうごさい)なんだって。

B：えっ、三十代(さんじゅうだい)かと思(おも)ってた。年(とし)のわりに老(ふ)けて見(み)えるね。

A：스즈키 씨는 아직 25살이라네.

B：뭐, 30대인 줄 알았는데. 나이보다 들어 보이네.

❸ A：テスト、どうだった？

B：勉強(べんきょう)しなかったわりには、いい点(てん)が取(と)れたよ。

A：시험, 어땠어?

B：공부를 안 한 것 치고는 좋은 점수를 받았어.

3 ～しだいだ／しだいで（は） -나름이다/-에 따라서는

作り方次第だと思うよ。

만드는 방법 나름이라고 생각하는데.

> 명＋しだいだ
>
> 명＋しだいで（は）
>
> • ‘A 次第だ’ ‘A 次第で（は）’는 ‘A에 따라 결정된다’는 의미이다.
> • A에는 결정적인 요소가 들어간다.

예문

❶ A：どうやったら幸せになれるのかな？

B：幸せっていうのは、本人の気持ちの持ち方次第じゃない？

A : 어떻게 하면 행복해질 수 있을까?

B : 행복이라는 건, 본인이 마음먹기에 달려있지 않을까?

❷ A：一年で英語が話せるようになるかな？

B：うん。努力次第だと思うよ。やってみれば？

A : 일년이면 영어를 할 수 있게 될까?

B : 응. 노력하기 나름일 거야. 해보면 어때?

❸ A：フリマアプリで要らない物を売ってるんだけど、なかなか売れないんだよね。

B：うーん。それは写真の撮り方次第で変わってくると思うよ。

A : 중고 직거래 앱에서 안 쓰는 물건을 팔고 있는데 좀처럼 팔리지 않네.

B : 음. 사진 찍는 방법에 따라 달라질 거야.

4 ～かわりに －대신에

炒めるかわりに、電子レンジでチンしても大丈夫だよ。

볶는 대신에 전자레인지에 돌려도 괜찮아.

동(기본형)/명の＋かわりに

- 대리·대용이라는 의미로 일시적으로 대체한다는 의미로 사용한다.

예문

❶ A：今年から年賀状出すのやめようと思うんだ。

B：そうなんだ。最近は、年賀状を出すかわりに、メールで済ませる人も多いもんね。

A：올해부터 연하장 보내는 것 그만두려고 해.

B：그렇구나. 요즘은 연하장을 보내는 대신에 메일로 보내는 사람도 많으니까.

❷ A：今度の休みは、海外旅行に行くの？

B：いや、チケットがとれなかったから、海外旅行に行くかわりに、国内旅行に行くことにしたんだ。

A：이번 휴가에 해외여행 가니?

B：아니, 항공권을 못 구해서 해외여행 가는 대신에 국내여행 가기로 했어.

❸ A：あっ、どうしよう。玉ねぎがない！

B：なかったら、玉ねぎのかわりに、ねぎを入れればいいよ。

A：어, 어떡하지. 양파가 없네!

B：없으면 양파 대신 파를 넣으면 돼.

연습문제

❶ 私(わたし)の(　　　　　　)、会議(かいぎ)に出(で)てもらえませんか。

❷ 結婚相手(けっこんあいて)(　　　　　　)、人生(じんせい)が大(おお)きく変(か)わってしまうこともある。

❸ パクチー(　　　　　　)、何(なん)ですか？

❹ 今(いま)の仕事(しごと)は、給料(きゅうりょう)の(　　　　　　)仕事(しごと)がきつい。

정답

❶ かわりに(내 대신에 회의에 참석해 주시겠어요?)

❷ 次第(しだい)で(결혼상대에 따라 인생이 크게 달라져 버리는 경우도 있다.)

❸ って(고수가 뭐예요?)

❹ わりに(지금 하는 일은 급여에 비해서 일이 힘들다.)

Lesson1 음식

02. 역시 맛있는 걸 먹을 때가 제일 행복해

青木(あおき)　このお肉(にく)、高(たか)いだけあっておいしいですね。

中野(なかの)　うん。ほんとにおいしいよね。

青木(あおき)　やっぱりおいしいもの食(た)べてる時(とき)が、一番幸(いちばんしあわ)せだな。

中野(なかの)　そういえば、ダイエットするとか言(い)ってなかった？

青木(あおき)　あれ、そんなこと言(い)いましたっけ？

中野(なかの)　うん。言(い)ってたけど？

青木(あおき)　食(た)べたいものを我慢(がまん)してまで、ダイエットするのは、もうやめようと思(おも)って。

中野(なかの)　ふうん。そうなの？まあ、無理(むり)しないに越(こ)したことはないけど。

아오키　이 고기, 비싼 만큼 맛있네요.

나카노　응, 정말 맛있네.

아오키　역시 맛있는 걸 먹을 때가 제일 행복해.

나카노　그러고 보니 다이어트 한다고 하지 않았나?

아오키　어라, 그런 얘기를 했었나요?

나카노　응. 얘기했는데?

아오키　먹고 싶은 걸 참으면서까지 다이어트 하는 것은 이제 그만두려고요.

나카노　음. 그래? 뭐, 무리하지 않는 편이 제일 좋지.

어휘

やっぱり	(부)역시
ダイエット(diet)	(명)다이어트
～とか	~라든가, ~든지 단정을 피하고 싶을 때 사용한다.
あれ	(감)어, 아니, 저런
我慢(がまん)	(명/スル)참음
ふうん	(감)음, 흠 경시의 마음을 표현할 때 나오는 감탄사. 상대방의 말에 가볍게 응답할 때 나오는 소리.
まあ	(감)뭐, 아니, 자, 상대나 자기 마음을 진정시킬 때 쓰는 말.
無理(むり)	(명/な형/スル)무리

주요문형

1 ～だけあって　-인 만큼

このお肉、高いだけあっておいしいね。

이 고기, 비싼 만큼 맛있네.

동(보통형)/い형(보통형)/な형어간な/な형어간である/な형어간だった/명(である)/명だった＋だけあって

- ‘Aだけあって’는 ‘A라는 것에 걸맞게’라는 의미로, 어떤 사항에 대해 감탄하거나 충분히 이해가 될 때 사용한다.
- ‘さすが(과연)’ ‘やはり(역시)’ 같은 부사와 함께 사용한다.
- A에는 평가·특징을 나타내는 말이 들어간다.

예문

❶ A：ここが列の最後尾みたい。

B：テレビで紹介されただけあって、ものすごい行列だね。

A：여기가 줄의 맨 끝인 것 같아.

B：TV에 소개된 만큼 줄이 엄청나네.

❷ A：この本、読んでみた？

B：うん。読んでみたけど、専門家が書いたというだけあって、とても分かりやすかったよ。

A：이 책 읽어봤어?

B：응. 읽어봤는데 전문가가 쓴 만큼 굉장히 알기 쉬웠어.

❸ A：ドイツのビール、おいしかったでしょ？

B：はい。ビールの本場(ほんば)というだけあって、とてもおいしかったです。

A : 독일 맥주, 맛있었죠?

B : 네. 맥주의 본고장인 만큼 매우 맛있었어요.

2 ～っけ　-나?

あれ、そんなこと言(い)いましたっけ？

어라, 그런 얘기를 했었나요?

동(보통형)/い형(보통형)/な형(보통형)/명(보통형)＋っけ

- 분명하지 않은 기억을 확인할 때 사용한다.
- ‘っけ’뿐만 아니라 ‘～ですっけ’ ‘～でしたっけ’ ‘～ますっけ’ ‘～ましたっけ’와 같은 형태로 사용할 때도 있다.

예문

❶ A：ねえ、明日(あした)何時(なんじ)に会(あ)おうか。

B：あれ、約束(やくそく)って明日(あした)だったっけ？

A : 저기, 내일 몇시에 만날까?

B : 아, 약속이 내일이었나?

❷ A：あれ、今日(きょう)ゴミの日(ひ)じゃない？

B：えっ、今日(きょう)って、何曜日(なんようび)だったっけ？

A : 어라, 오늘 쓰레기 수거일 아니었나?

B : 어, 오늘이 무슨 요일이지?

❸ A：今日、誕生日なんだ…。

B：えっ、そうだったっけ？

A : 사실 오늘 내 생일이야….

B : 어, 그랬어?

3 ～てまで　-해서까지

食べたいものを我慢してまで、ダイエットするのは、もうやめようと思って。

먹고 싶은 걸 참으면서까지 다이어트 하는 것은 이제 그만두려고요.

동(て형) + まで

- ‘AてまでB’는 ‘굳이 A를 할 정도로 B이다’라는 의미이다.
- ‘극단적인 방법을 사용해서까지’라고 말한 다음에 화자의 주장·판단·평가를 나타낸다.

예문

❶ A：もっと上司に気に入られるように行動しないと。

B：いや、上司にゴマをすってまで、出世したくはないよ。

A : 좀 더 상사의 마음에 들도록 행동해야 해.

B : 아니, 상사에게 아부해서까지 출세하고 싶지는 않아.

❷ A：ママ友との付き合いが大変で…。

B：そうなの？無理をしてまで、付き合う必要はないと思うよ。

A : 아이 친구 엄마들과 사귀는 게 힘들어서…

B : 그래? 무리를 해서까지 사귈 필요는 없다고 생각해.

❸ A：ねえ、あの列に並んでみようよ。

B：えっ、ただのクリームパンでしょ？並んでまで、買う気にはならないな。

A：저기, 저 줄에 서보자.

B：아니, 그냥 크림빵이잖아? 줄을 서서까지 사고 싶지는 않네.

4 ～にこしたことはない　-보다 더 좋은 것은 없다

無理しないに越したことはないけど。

무리하지 않는 편이 제일 좋지.

동(기본형)/동(ない형)ない/い형(기본형)/い형어간くない/
な형어간である/명である＋にこしたことはない

- '~하는 편이 제일 좋다'라는 의미이다.
- 권유하거나 제안할 때 사용한다.
- 주로 일반적이라고 여겨지는 내용에 대해서 언급할 때 사용한다.
- '～ば～に越したことはない(~면 ~수록 좋다)'라는 관용표현도 있다.

예 多ければ多いに越したことはない。
많으면 많을수록 좋다.

예문

❶ A：私、本格的に日本語の勉強を始めようと思ってるんだけど。

B：始めるなら、早いに越したことはないと思うよ。

A：나, 본격적으로 일본어 공부를 시작하려고 하는데.

B：시작할거면 빨리 시작하는 편이 제일이라고 생각해.

❷ A：ここなんかどう？お風呂はないみたいだけど、家賃が安いよ。

B：家賃が安いに越したことはないけど、お風呂のない家には住みたくないな。

A : 여기 어때? 욕실은 없는 것 같은데 집세가 싸.

B : 집세가 싼 게 제일이긴 한데, 욕실이 없는 집에서 살고 싶지는 않네.

❸ A：実は、正社員になろうかどうか、迷ってるんだ。

B：えっ、正社員になれるのであれば、それに越したことはないでしょ。

A : 실은 정규직으로 일할지 말지 고민 중이야.

B : 아니, 정규직이 될 수 있다면 그보다 더 좋은 건 없지.

연습문제

❶ お金はないよりは、ある(　　　　　　)。

❷ 家族の反対を押し切っ(　　　　　　)、転職するつもりはない。

❸ 長谷川さんって、結婚してた(　　　　　　)?

❹ 坂井さんは、フランスに留学してた(　　　　　　)、フランス語がペラペラだ。

정답

❶ に越したことはない(돈은 없는 것보다는 있는 것이 더 좋다.)

❷ てまで(가족의 반대를 무릅쓰고서까지 이직할 생각은 없다.)

❸ っけ(하세가와 씨는 기혼이었나?)

❹ だけあって(사카이 씨는 프랑스에서 유학한 만큼 불어가 유창하다.)

Lesson1 음식

03. 그렇게 맛있다면 주문해 볼까?

青木(あおき)　この店(みせ)に来(き)たら、無花果(いちじく)とブルーチーズのサラダを食(た)べるべきだって友達(ともだち)に言(い)われたんだけど…。

井上(いのうえ)　えっ、無花果(いちじく)とブルーチーズ？ちょっとありえない組(く)み合(あ)わせなんだけど。

青木(あおき)　それが、意外(いがい)においしいらしい。

井上(いのうえ)　ふうん。そんなにおいしいなら、頼(たの)んでみる？

青木(あおき)　うん。そうしよう。

井上(いのうえ)　今日(きょう)は平日(へいじつ)の夜(よる)だからか、そんなに人(ひと)がいないね。

青木(あおき)　でも、休日(きゅうじつ)ともなると、一時間(いちじかん)は並(なら)ばないと入(はい)れないんだって。

아오키　이 가게에 오면 무화과와 블루치즈 샐러드를 먹어야 한다고 친구가 얘기하던데….

이노우에　어, 무화과와 블루치즈? 좀 뜻밖의 조합이네.

아오키　그게, 의외로 맛있다는 것 같아.

이노우에　그렇구나. 그렇게 맛있다면 주문해 볼까?

아오키　응. 그러자.

이노우에　오늘은 평일 밤이라 그런지 사람이 그렇게 많지는 않네.

아오키　그런데 휴일이 되면 한시간은 줄을 서지 않으면 못 들어간다네.

어휘

無花果(いちじく)	(명)무화과
えっ	(감)어, 뭐라고 놀라거나 의아해할 때 내는 소리.
組(く)み合(あ)わせ	(명)조합, 배합
意外(いがい)	(명/な형)의외
頼(たの)む	(동)부탁하다, 주문하다
平日(へいじつ)	(명)평일
並(なら)ぶ	(동)줄을 서다

주요문형

1 ～べきだ −해야 하다

サラダを食べるべきだって友達に言われたんだけど…。

샐러드를 먹어야 한다고 친구가 얘기하던데….

동(기본형) + べきだ

- '～するのが当然だ(~하는 것이 당연하다)'라는 의미이다.
- 사회적 규범에 대해서 언급할 때 사용한다.
- 상대방에게 조언을 할 때 사용하기도 한다.
- 명사를 수식할 때는 '～べき(해야 할) + 명'의 형태로 사용한다.

  예 やるべきことを後回しにしてはいけない。

  해야 할 일을 뒤로 미루면 안 된다.
- 'する'의 경우에는 'するべき' 'すべき'의 두 가지가 있다.

예문

❶ A : 飲みに行こうって誘われたんだけど、あんまり行きたくないんだよね。

B : 行きたくないなら、はっきり断るべきだよ。

A : 술 마시러 가자는데 별로 가고 싶지 않네.

B : 가고 싶지 않으면 확실하게 거절해.

❷ A : 彼にひどいこと言って、怒らせちゃったんだ。

B : えっ、そうなの？じゃあ、まずは、謝るべきだと思うよ。

A : 그에게 심한 말을 해서 화나게 만들었어.

B : 어, 그래? 그럼 우선 사과를 해야 한다고 생각해.

③ A：大きなプロジェクトをまかされたんですけど、私できるかどうか自信がなくって…。

B：せっかくのチャンスなんだから、やるべきだよ。

A : 큰 프로젝트를 맡았는데 내가 할 수 있을지 자신이 없어서….
B : 모처럼의 기회인데 해야지.

2 ～えない／～うる(～える) –할 수 없다/–할 수 있다

ちょっとありえない組み合わせなんだけど。
좀 뜻밖의 조합이네.

동(ます형)+えない
동(ます형)+うる(える)

- '～えない'는 '～する可能性がない(~할 가능성이 없다)' '～できない(~할 수 없다)'라는 의미이다.
- '～うる(～える)'는 '～する可能性がある(~할 가능성이 있다)' '～できる(~할 수 있다)'라는 의미이다.
- 단 '~할 능력이 없다' '~할 능력이 있다'라는 의미로는 사용할 수 없다.
- '得る'는 'うる'라고 읽는 경우와 'える'라고 읽는 경우가 있다.
- 'ありえない(있을 수 없다)'는 'あるはずがない(있을 리가 없다)'라는 의미이다.

예문

① A：タバコって、体に悪いのかな？

B：うん。がんの原因にもなりうるっていうよね。

A : 담배는 몸에 나쁜 건가?
B : 응. 암의 원인도 될 수 있다고 하잖아.

❷ A：鈴木さん、部長に怒られてばかりだよね。そのうち会社辞めちゃうんじゃないかな？

B：そうだね。その可能性は十分ありえるね。

A : 스즈키 씨는 부장님한테 계속 혼나기만 하네. 조만간 회사 그만두는 것 아닐까?

B : 그러게. 그럴 가능성은 충분히 있지.

❸ A：わあ、雪が降ってる。

B：えっ、春なのに、雪が降るとかありえない。

A : 와, 눈이 오네.

B : 아니, 봄인데 눈이 내리다니 말도 안 돼.

3 ～と(も)なると／～と(も)なれば　-라도 되면/-하려면

休日ともなると、一時間は並ばないと入れないんだって。

휴일이 되면 한시간은 줄을 서지 않으면 못 들어간다네.

동(기본형)/동(た형)/명＋と(も)なると／と(も)なれば

- ‘Aと(も)なるとB’ ‘Aと(も)なればB’는 ‘A라는 상황이 되면 당연히 B가 된다’라는 의미이다.
- 후행절에는 당연한 결과가 온다.
- ‘さすがに(과연)’ ‘やはり(역시)’ 같은 부사와 함께 사용하는 경우가 많다.

예문

❶ A : どのマンションを買うかで、悩んでるんだ。

B : まあ、マンションを買うともなれば、どうしても慎重になるよね。

A : 어떤 아파트를 살지 고민 중이야.

B : 음, 아파트를 사려면 아무래도 신중해지지.

❷ A : 中学生って、生意気だよね。

B : まあ、中学生ともなれば、親の言うこと聞かなくなるもんね。

A : 중학생들은 건방져.

B : 뭐, 중학생이 되면 부모가 하는 말을 안 듣지.

❸ A : やっとマネージャーになれたんだ。

B : へえ、そうなんだ。でも、マネージャーともなると、責任が重くなるよね。

A : 간신히 매니저가 됐어.

B : 와, 그렇구나. 그런데 매니저가 되면 책임이 무거워지겠네.

연습문제

❶ 海外(かいがい)で働(はたら)くこともあり(　　　　　　)と思(おも)っている。

❷ 社会人(しゃかいじん)(　　　　　　)、服装(ふくそう)や言葉遣(ことばづか)いにも気(き)をつけなければならない。

❸ ひとに借(か)りたものは必(かなら)ず返(かえ)す(　　　　　　)。

정답

❶ える(해외에서 근무하는 경우도 있을 수 있다고 생각한다.)

❷ ともなれば(사회인이 되면 복장이나 말투에도 신경을 써야 한다.)

❸ べきだ(남에게 빌린 것은 반드시 돌려주어야 한다.)

Quiz

❶ 年齢をごまかすことを何というでしょうか。

나이를 속이는 것을 뭐라고 할까요?

❷ 「たかの爪」とは何のことでしょうか。

「たかの爪(매의 발톱)」는 무엇을 말할까요?

❸ 「落としぶた」とは何のことでしょうか。

「落としぶた」는 무엇을 말할까요?

❹ お料理の「さしすせそ」とは何のことでしょうか。

요리의 「さしすせそ」는 무엇을 말할까요?

❺ 「びっくり水」とは何のことでしょうか。

「びっくり水」는 무엇을 말할까요?

정답

❶ 수산시장에서 고등어를 셀 때, 일부러 서둘러서 수를 속인다는 것에서 유래하여 「さばを読む」라고 합니다.

❷ 고추의 한 품종을 말합니다.

❸ 조림을 만들 때 냄비 안에 쏙 넣어서 재료 위에 직접 얹는 뚜껑을 말합니다.

❹ 「さ」는 「砂糖(설탕)」, 「し」는 「塩(소금)」, 「す」는 「酢(식초)」, 「せ」는 「しょうゆ(간장)」, 「そ」는 「味噌(된장)」를 말합니다. 옛날에는 「しょうゆ」를 「せうゆ」라고 썼습니다.

❺ 면 등을 삶을 때, 물이 끓어오르면 찬물을 붓는 일이나 그 붓는 물을 말합니다.

Lesson 2 음악

01. 이 노래 유행이네요

島田　あっ、この曲、流行ってますよね。

中野　へえ、そうなんだ。

島田　中野さんって、音楽、あまり聞かないんですか？

中野　いや、聞かないわけじゃないんだけど、最近の曲って、テンポも速いし、音楽というより騒音にしか聞こえないんだよね。

島田　まあ、確かに年齢とともに、流行りの音楽に興味がなくなるっていうのはありますよね。

中野　そうなの。最近は、音楽に限らず、流行自体にあんまり興味がないんだ。

시마다 아, 이 노래 유행이네요.

나카노 아, 그래?

시마다 나카노 씨는 음악 별로 안 들어요?

나카노 아니, 안 듣는 건 아니지만 요즘 노래는 템포도 빠르고 음악이라기보다 소음으로밖에 들리지 않아서….

시마다 뭐, 확실히 나이가 들면서 유행 음악에 대한 관심이 없어지긴 하지요.

나카노 맞아. 최근에는 음악만이 아니라 유행 자체에 그다지 관심이 없어.

어휘

流行(はや)る	(동)유행하다
いや	(감)야, 이거, 아니 놀람, 감동, 탄식을 나타내는 말.
テンポ(tempo)	(명)템포, 박자, 속도
騒音(そうおん)	(명)소음
確(たし)か	(な형)확실함, 정확함
流行(りゅうこう)	(명/スル)유행
自体(じたい)	(명)자체
興味(きょうみ)	(명)흥미

주요문형

1 ～わけではない（～わけじゃない） -것은 아니다

聞(き)かないわけじゃないんだけど、最近(さいきん)の曲(きょく)って、騒音(そうおん)にしか聞(き)こえないんだよね。

안 듣는 건 아니지만 요즘 노래는 소음으로밖에 들리지 않아서….

동(보통형)/い형(보통형)/な형어간な/な형어간である/な형어간だった/명の/명である/명だった＋わけではない

- '決(けっ)して～ということではない(결코 ~라는 것은 아니다)' '特別(とくべつ)に～ということではない(특별히 ~라는 것은 아니다)'라는 의미이다.
- 'Ａわけじゃない（Ａわけではない）'는 A를 부분적으로 부정하는 표현이다.
- 부정형과 함께 사용하면 '완전히 ~가 아니라는 것은 아니다'라는 의미로, 부분적으로 내용을 긍정하는 표현이 된다.

예 彼(かれ)の言(い)うことが全(まった)く理解(りかい)できないわけではない。
그가 한 말이 전혀 이해가 안 되는 것은 아니다.

예문

❶ A：あのラーメン屋(や)さんっておいしいの？
B：いや、おいしいわけじゃないんだけど、安(やす)いんだよ。
A：그 라멘가게 맛있어?
B：아니, 맛있는 건 아닌데 싸거든.

② A：えっ、伊藤さんのこと嫌いなの？

B：いや、嫌いなわけじゃないんだけど、ちょっと苦手なんだ。

A : 뭐, 이토 씨가 싫어?

B : 아니, 싫은 건 아닌데 대하기가 좀 불편해.

③ A：えっ、もしかして行きたくないの？

B：いや、行きたくないわけじゃないんだけど、ちょっと仕事が忙しくって…。

A : 어? 혹시 가고 싶지 않은 거야?

B : 아니, 가고 싶지 않은 건 아닌데 일이 좀 바빠서….

2 ～というより（も）／～っていうより（も） -라고 하기보다

音楽というより騒音にしか聞こえないんだよね。

음악이라기보다 소음으로밖에 들리지 않아서….

동(보통형)/い형(보통형)/な형어간/な형(보통형)/명/
명(보통형)＋というより（も）

- 'Aというより（むしろ）B(A라고 하기보다 오히려 B이다)'는 'A보다 B에 가깝다' 'A보다 B라고 하는 것이 정확하다'라는 의미이다.

예문

① A：上野って、にぎやかでいいよね。

B：うーん。にぎやかっていうより、うるさいって感じだよね。

A : 우에노는 번화해서 좋아.

B : 음. 번화하다고 하기보다 시끄러운 느낌이지.

❷ A：今日はなんだか暖かいよね。

B：うーん。暖かいというより、暑いよね…。

A：오늘은 어쩐지 따뜻하네.

B：음. 따뜻하다고 하기보다 덥네….

❸ A：この人、アイドルなんでしょ？

B：いや、アイドルっていうより、俳優っていった方が正しいかも。

A：이 사람, 아이돌이죠?

B：아니, 아이돌이라기보다 배우라고 하는 편이 맞을지도.

3 ～とともに -와 함께

年齢とともに流行りの音楽に興味がなくなるっていうのはありますよね。

나이가 들면서 유행 음악에 대한 관심이 없어지긴 하지요.

동(기본형)/명+とともに

- 'AとともにB'는 'A가 어떤 상태가 됨에 따라 서서히 B가 된다'는 의미이다.
- 시간·계절·나이와 같이 시간의 경과를 나타내는 말과 함께 사용하기도 한다.

예문

❶ A：最近、徹夜ができなくなってね…。

B：年を取るとともに、体力もおとろえるからね…。

A：요즘은 철야를 못 하겠어….

B：나이가 들면서 체력도 떨어지니까….

② A：上級クラスは学生が少ないね…。

B：うん。レベルとともに、難しくなるからね…。

A : 고급반은 학생이 적네….

B : 응. 레벨이 높아지면 어려워지니까….

③ A：最近のヒット曲ってサビから始まる曲が多いんだって。

B：へえ、そうなんだ。まあ、音楽も時代とともに変わるからね…。

A : 요즘 히트곡은 후렴구부터 시작하는 곡이 많다고 하네.

B : 그래? 그렇구나. 뭐, 음악도 시대에 따라 변하니까….

4 ～にかぎらず –만이 아니라

音楽に限らず、流行自体にあんまり興味がないんだ。

최근에는 음악만이 아니라 유행 자체에 그다지 관심이 없어.

명+にかぎらず

- ‘Aにかぎらず B(A뿐만 아니라 B)’는 ‘Aだけでなく Bも(A뿐 아니라 B도)’라는 의미로, A라는 범주에 국한되지 않는다는 것을 나타낸다.
- ‘AもBもすべて(A도 B도 모두)’라고 말하고 싶을 때 사용한다.
- ‘Aにかぎらず Bも(A뿐만 아니라 B도)’의 형태로 사용하는 경우가 많다.

예문

① A：あの、すみません。この化粧品は女性用ですか？

B：いえ、女性だけに限らず、男性でもお使いいただけます。

A : 저기요. 이 화장품은 여성용이에요?

B : 아니요, 여성뿐 아니라 남성도 사용하실 수 있습니다.

❷ A：ディズニーシーに行こうかどうかで、迷ってるんだ。

B：子どもに限らず、大人でも楽しめると思うから行っておいでよ。

A : 디즈니씨에 갈지 말지 망설이고 있어.

B : 아이들만이 아니라 어른도 즐길 수 있으니까 갔다 와.

❸ A：高橋さんって、サッカーが好きなんだよね？

B：いや、サッカーに限らず、スポーツなら何でも好きだよ。

A : 다카하시 씨는 축구를 좋아하지?

B : 그게, 축구만이 아니라 스포츠라면 뭐든지 좋아해.

연습문제

❶ 実際に見た(　　　　　　)けど、宇宙人はいると思う。

❷ 経済成長(　　　　　　)、人々の暮らしは豊かになった。

❸ 日曜日に(　　　　　　)、休みの日は家で休むことが多い。

❹ これは、田中さんのミス(　　　　　　)、部長のミスといった方がいい。

정답

❶ わけじゃない(실제로 본 것은 아니지만 외계인은 있다고 생각한다.)

❷ とともに(경제가 성장함에 따라 사람들의 생활도 풍요로워졌다.)

❸ かぎらず(일요일만이 아니라 휴일에는 집에서 쉬는 경우가 많다.)

❹ というより(이것은 다나카 씨의 실수라기보다 부장의 실수라고 하는 편이 맞다.)

Lesson 2 음악

02. 기타의 가격은 얼마 정도 할까요?

青木(あおき)　あの、実(じつ)はギターを買(か)いたいんですけど、ギターっていくらぐらいしますか。

島田(しまだ)　予算(よさん)によって変(か)わってくると思(おも)うけど…。どれくらいで考(かんが)えてるの？

青木(あおき)　えっ、予算(よさん)ですか？まだそこまでは考(かんが)えていないんですが。

島田(しまだ)　値段(ねだん)もピンからキリまであるから、予算(よさん)を聞(き)いてからでないと、答(こた)えられないよ。

青木(あおき)　安(やす)いにこしたことはないんですけど、やっぱり高(たか)いギターの方(ほう)がいい音(おと)が出(で)るんですよね？

島田(しまだ)　いや、高(たか)いからといって、音(おと)がいいとは限(かぎ)らないよ。

아오키 저, 실은 기타를 사고 싶은데요, 기타는 얼마 정도 할까요?

시마다 예산에 따라 달라질 것 같은데…. 얼마 정도 생각하고 있어?

아오키 네? 예산이요? 아직 거기까지는 생각하지 않았는데요.

시마다 가격도 천차만별이니까 예산을 들어보지 않고는 답할 수가 없네.

아오키 싼 게 제일 좋겠지만 비싼 기타가 역시 소리는 좋겠지요?

시마다 아니, 비싸다고 해서 소리가 꼭 좋다고는 할 수 없어.

어휘

あの	(감)저 조심하거나 망설이면서 말을 걸 때 또는 대화 도중에 사용하는 말.
実(じつ)は	(부)실은
予算(よさん)	(명)예산
値段(ねだん)	(명)가격
ピンからキリまで	천차만별

주요문형

1 ～によって　-에 따라

予算によって変わってくると思うけど…。

예산에 따라 달라질 것 같은데….

명+によって

- ‘AによってB(A에 따라 B)’는 ‘A가 바뀌면 그에 따라 B도 바뀐다’라는 의미로 기준이나 조건을 나타낸다.

예문

❶ A：送料、どれくらいかかりますかね？

B：うーん。重さによって変わってくるから、実際に量ってみないと分からないよね。

A：배송료는 얼마나 들까요?

B：음. 무게에 따라 달라질 테니까 실제로 달아보지 않으면 모르지.

❷ A：部長に聞いたら、これじゃダメだって言われちゃった…。

B：部長ってさ、その日の気分によって言うことが違うんだよね。

A：부장님에게 물었더니 이걸로는 안 된다고 하시네….

B：부장님은 그날의 기분에 따라 하는 말이 달라져.

❸ A：ねえ、こんなプレゼントはどう？お友達も絶対気に入ると思うんだけど。

B：うーん。どうだろう？人によって、好みは違うからね。

A：저기, 이런 선물은 어때? 친구도 분명히 마음에 들어할 거라 생각하는데.

B：음. 어떨까? 사람에 따라 취향이 다르니까.

2 ～(て)からでないと　-한 다음이 아니면

予算(よさん)を聞(き)いてからでないと、答(こた)えられないよ。

예산을 들어보지 않고는 답할 수가 없네.

동(て형)/명+からでないと

- 'A (て)からでないとB'는 'B를 실현하기 위해서는 우선 A를 해야 한다'라는 의미이다.
- 이와 비슷한 표현으로는 '～たうえでないと(~한 다음이 아니면)'가 있다.

예 確認(かくにん)した上(うえ)でないとお答(こた)えできません。

확인한 다음이 아니면 답변드릴 수 없습니다.

예문

❶ A：これ、明日(あす)までに何(なん)とかなりませんか。

B：うーん。部長(ぶちょう)に聞(き)いてからでないと、何(なん)とも言(い)えないですね。

A : 이거, 내일까지 어떻게든 안 될까요?

B : 음. 부장님께 물어보지 않고는 뭐라고 말할 수가 없네요.

❷ A：これ、生(なま)のまま食(た)べても大丈夫(だいじょうぶ)ですか。

B：いや、これは焼(や)いてからでないと、食(た)べられません。

A : 이거, 날것으로 먹어도 괜찮을까요?

B : 아니요, 이건 구워야만 먹을 수 있습니다.

❸ A：じゃあ、今月(こんげつ)から働(はたら)いてもらえますか。

B：実(じつ)は、来月(らいげつ)からでないと、ちょっと難(むずか)しいんですが…。

A : 그럼 이번달부터 일할 수 있겠어요?

B : 실은 다음달부터가 아니면 좀 어려운데요….

3 ～からといって（～からって） –라고 해서

高(たか)いからといって、音(おと)がいいとは限(かぎ)らないよ。

비싸다고 해서 소리가 꼭 좋다고는 할 수 없어.

동(보통형)/い형(보통형)/な형(보통형)/
명(보통형)＋からといって（からって）

- '비록 ~라는 사실이 있다고 하더라도' '아무리 ~라는 이유가 있다고 하더라도'라는 의미이다.
- 주로 상대의 발언을 부정할 때 사용한다.
- 말할 때는 '～からって'를 사용하는 경우가 많다.

예문

1. A：おいしい。もう一個(いっこ)食(た)べちゃおうかな。
   B：おいしいからって、食(た)べ過(す)ぎると、お腹(なか)こわすよ。
   A：맛있다. 한 개 더 먹을까.
   B：맛있다고 너무 먹으면 배탈 나.

2. A：私(わたし)、何(なに)やってもダメなんです。
   B：怒(おこ)られたからって、そんなに落(お)ち込(こ)むことないよ。次(つぎ)、頑張(がんば)ればいいじゃん。
   A：나는 뭘 해도 안 돼요.
   B：꾸중을 들었다고 그렇게 의기소침할 필요 없어. 다음에 분발하면 되잖아.

❸ A：坂井さんなんかは、大学生だから、パソコンとか詳しいんじゃない？

B：えっ、大学生だからといって、パソコンに詳しいとは限らないでしょ。

A : 사카이 씨는 대학생이니까 컴퓨터 같은 거 잘 다루죠?

B : 네? 대학생이라고 해서 꼭 컴퓨터를 잘 다룬다고는 할 수 없어요.

4 ～とはかぎらない 반드시 -하다고는 할 수 없다

高いからといって、音がいいとは限らないよ。

비싸다고 해서 소리가 꼭 좋다고는 할 수 없어.

동(보통형)/い형(보통형)/な형(보통형)/な형어간/명(보통형)/
명+とはかぎらない

- '～というわけではない(반드시 ~라고 할 수 없다/꼭 ~라는 것은 아니다)'라는 의미로 예외가 있을 때 사용한다.
- 'いつも(언제나)' '必ず(반드시)' 같은 부사와 함께 사용하는 경우가 많다.

예문

❶ A：だって、先生が言ってたんだよ。

B：でもさ、先生の言うことがつねに正しいとは限らないよ。

A : 글쎄 선생님이 그렇게 얘기했다니까.

B : 그렇대도 선생님이 말한 것이 항상 옳다고는 할 수 없어.

❷ A：あれ、天気予報で今日は雨降らないって言ってたのに…。

B：天気予報がいつも当たるとは限らないよ。

A : 어, 일기예보에서 오늘은 비가 안 온다고 했는데….

B : 일기예보가 항상 맞는다고는 할 수 없어.

❸ A：あの人も、この大学の学生なんですかね。

B：大学の中にいるからって、ここの学生とは限らないよ。先生である可能性もあるし…。

A：저 사람도 이 대학교 학생일까요?

B：대학교 안에 있다고 반드시 이 학교 학생이라고는 할 수 없어. 교수일 가능성도 있고….

연습문제

❶ 国(くに)(　　　　　　)文化(ぶんか)が異(こと)なるのは当然(とうぜん)だ。

❷ 練習(れんしゅう)をして(　　　　　　)、人前(ひとまえ)では歌(うた)えない。

❸ 子(こ)どもだ(　　　　　　)、バカにしてはいけない。

❹ 行列(ぎょうれつ)ができていても、おいしい店(みせ)である(　　　　　　)。

정답

❶ によって(나라에 따라 문화가 다른 것은 당연하다.)

❷ からでないと(연습한 다음이 아니면 사람들 앞에서 노래할 수 없다.)

❸ からといって(아이라고 해서 얕보아서는 안 된다.)

❹ とは限(かぎ)らない(줄을 서 있다고 해서 꼭 맛있는 가게라고 할 수는 없다.)

Lesson 2 음악

03. 포기하지 말고 다시 한번 도전해 봐

井上　この前、ギターを習うって言ってたけど、どう？弾けるようになった？

青木　いや、それがFコードで挫折しちゃって、弾けずじまいのまま教室をやめちゃったんだ。

井上　えっ、そうなの？せっかくギターも買ったのに、もったいないな。Fコードは難しいけど毎日練習していれば、そのうち音が出るようになるよ。

青木　そうなの？自分には弾けるわけがないってあきらめてからは、すっかりやる気をなくしちゃって…。

井上　教えてあげるから、あきらめずにもう一回チャレンジしてみなよ。

青木　うーん。練習したら、弾けるようになるのかな…。

이노우에　일전에 기타 배운다고 했었는데 어때? 칠 수 있게 됐어?

아오키　아니 그게, F코드에서 좌절해서 치지도 못한 채로 학원을 그만두고 말았어.

이노우에　어, 그래? 모처럼 기타도 샀는데 아깝다. F코드가 어렵긴 하지만 매일 연습하면 머지않아 소리가 나게 될거야.

아오키　그런거야? 칠 수 있을 리가 없다고 포기하고 난 다음에는 완전히 의욕을 잃어버려서….

이노우에　가르쳐 줄 테니까 포기하지 말고 다시 한번 도전해 봐.

아오키　음. 연습하면 칠 수 있게 될까….

어휘

習(なら)う	(동)배우다
挫折(ざせつ)	(명)좌절
せっかく	(부)모처럼
あきらめる	(동)포기하다
すっかり	(부)완전히, 아주
やる気(き)	(명)의욕
うーん	(감)음 뭔가를 이야기하려다 말이 막히거나 생각에 잠길 때 내는 소리.

주요문형

1 ～ずじまい　-하지 않고 말았음

弾けずじまいのまま教室をやめちゃったんだ。

(기타를) 치지도 못한 채로 학원을 그만두고 말았어.

동(ない형)＋ずじまい

- '～しないままで終わる(~하지 않은 채로 끝나다)'라는 의미이다.
- '結局(결국)' 'とうとう(끝내)'와 함께 쓰는 경우가 많다.
- 시기를 놓쳐서 못했다는 후회 혹은 유감스러운 마음을 나타낸다.
- '～ず(~지 않다)'는 '～ない(~지 않다)'의 옛날 표현이다.
- 'じまい(しまい)'는 '끝나다'라는 의미이다.
- 'する'의 경우는 'しずじまい'가 아니라 'せずじまい'가 된다.

예문

❶ A：新しいコート買ったの？

B：それが、結局買わずじまいのまま冬が終わっちゃったんだよね。

A：코트 새로 샀어?

B：그게, 결국 사지도 못하고 겨울이 끝나버렸어.

❷ A：山田君にちゃんと聞いてみた？

B：結局、聞けなかったんだよね。だから本当のところは分からずじまいのまま。

A：야마다 군에게 제대로 물어 봤어?

B：결국 물어보지 못 했어. 그러니까 진실은 모른다는 거지.

❸ A : 香織ちゃんに会えた？

B : ううん。連絡が取れなくて、結局、会えずじまい。

A : 카오리를 만났니?

B : 아니. 연락이 안 돼서 결국 못 만났어.

2 ～わけがない（～わけない） -리가 없다

自分には弾けるわけがない。

내가 칠 수 있을 리가 없다.

동(보통형)/い형(보통형)/な형어간な/な형어간である/な형어간だった/명の/명である/명だった＋わけがない（わけない）

- '그런 일이 일어날 가능성이 거의 없기 때문에 그런 일은 일어나지 않을 것이다'라는 의미이다.
- 이중 부정 표현인 '**～ないわけがない**'의 경우는 '반드시 ~하다'라는 의미이다.

예 これだけ手間暇をかけたのだから、
おいしくないわけがない。
이렇게까지 공을 들였는데 맛있지 않을 리가 없다.

예문

❶ A : 先生が、来週までに、この本読んで来いって。

B : えっ、こんな分厚い本、一週間で読めるわけないでしょ。

A : 선생님이 다음주까지 이 책 읽어오라고 하시네.

B : 뭐? 이렇게 두꺼운 책을 일주일만에 읽을 수가 없지.

❷ A：ねえ、この人が犯人じゃない？

B：えっ、まさか。こんないい人が犯人のわけないよ。

A : 저기, 이 사람이 범인 아니야?

B : 어, 설마. 이렇게 착한 사람이 범인일 리가 없어.

❸ A：なんか、今日の飲み会、森さん来ないらしいよ。

B：えっ、酒好きの森さんが来ないわけないでしょ。

A : 오늘 회식, 모리 씨는 안 온다는 것 같아.

B : 뭐? 술 좋아하는 모리 씨가 안 올 리가 없어.

3 ～ず　-지 않다

あきらめずにもう一回チャレンジしてみなよ。

포기하지 말고 다시 한번 도전해 봐.

동(ない형)＋ず

- '～ず(~지 않다)'는 '～ない(~지 않다)'의 옛날 표현이다.
- '～ずに(~지 않고)'는 '～ないで(~지 않고)'와 같은 의미이다.
- 'する'의 경우는 'しず'가 아니라 'せず'가 된다.
- 관용 표현으로는 '飲まず食わず(먹지도 마시지도 않고)' '見ず知らず(일면식도 없는)' 등이 있다.

예 飲まず食わずで、働く。
먹지도 마시지도 않고 일하다.

예 見ず知らずの人に助けてもらう。
생면부지의 사람에게 도움을 받다.

예문

❶ A：どうしたの？肌(はだ)あれしてるよ。

B：昨日(きのう)、化粧(けしょう)を落(お)とさずに寝(ね)たのが良(よ)くなかったみたい。

A : 무슨 일 있어? 피부가 까칠하네.

B : 어제 화장을 안 지우고 잔 게 좋지 않았나 봐.

❷ A：済州島(チェジュとう)に着(つ)いたら、何(なに)して遊(あそ)ぼうか。

B：うーん。何(なに)もせず、ただぼんやりと過(す)ごしたいな。

A : 제주도에 도착하면 뭐하고 놀까.

B : 음. 아무것도 안 하고 그냥 멍하게 지내고 싶네.

❸ A：どうしたの？何(なん)かあった？

B：いえ、実(じつ)は、アルバイトが見(み)つからず、困(こま)ってるんですよ。

A : 무슨 일이야? 무슨 일 있었어?

B : 그게, 실은 아르바이트를 찾지 못해서 걱정하고 있었어요.

연습문제

❶ 今年こそは映画館に行こうと思っていたが、結局行け(　　　　　)のまま終わってしまった。

❷ 本物なのに、そんなに安い(　　　　　)。

❸ 切手をはら(　　　　　)に、手紙をポストに入れてしまった。

정답

❶ ずじまい(올해는 꼭 영화관에 가려고 생각했었는데 결국 가지 못한 채로 끝나버렸다.)

❷ わけがない(진품인데 그렇게 쌀 리가 없다.)

❸ ず(우표를 붙이지 않고 편지를 우편함에 넣어버렸다.)

Quiz

1. テクニックを使(つか)って、地声(じごえ)よりも高(たか)く出(だ)す声(こえ)のことを何(なん)というでしょうか。
   기교를 사용하여 진성보다 높게 내는 목소리를 뭐라고 할까요?

2. 歌謡曲(かようきょく)やポップスなどの曲(きょく)の聞(き)かせどころのことを何(なん)というでしょうか。
   가요나 팝 등의 음악에서 하이라이트를 뭐라고 할까요?

3. 昔(むかし)、流行(りゅうこう)した歌(うた)のことを何(なん)というでしょうか。
   옛날에 유행했던 노래를 뭐라고 할까요?

4. 歌唱力(かしょうりょく)を競(きそ)い合(あ)うコンクールのことを何(なん)というでしょうか。
   가창력을 겨루는 경연 대회를 뭐라고 할까요?

5. テレビやステージで、歌手(かしゅ)が音楽(おんがく)に合(あ)わせて、口(くち)を動(うご)かし、歌(うた)っているふりをすることを何(なん)というでしょうか。
   텔레비전이나 무대에서 가수가 음악에 맞춰서 입을 움직여 노래를 부르고 있는 시늉을 하는 것을 뭐라고 할까요?

정답

1. 「裏声(가성)」라고 합니다.
2. 「サビ(후렴)」라고 합니다.
3. 「懐かしのメロディー(추억의 노래)」라고 하는데 줄여서 「懐メロ」라고도 합니다.
4. 「のど自慢(노래 자랑)」이라고 합니다.
5. 「口をパクパクさせる(입을 벙긋하다)」에서 「口パク(립싱크)」라고 합니다.

Lesson 3 독서

01. 다 읽고 나서 빌려줄까?

中野　この小説、すごく面白いんだ。さっき電車の中で読んでたんだけど、すっかり夢中になっちゃって、電車を乗り過ごすところだったよ。

島田　へえ。そんなに面白いんですか。

中野　読み終わったら、貸してあげようか。

島田　でも、僕、小説って、どうも苦手なんですよね。最後まで読み切ったことがなくて…。

中野　えっ、そうなの？でもこの本は、小説といっても、実際にあった話がもとになってるから、普通の小説に比べて、読みやすいと思うけど…。

島田　そうですか。じゃあ読み終わったら貸してください。

나카노 이 소설, 굉장히 재미있어. 아까 전철 안에서 읽고 있었는데 완전히 빠져서 전철을 못 내릴 뻔했어.

시마다 그래요? 그렇게 재미있어요?

나카노 다 읽고 나서 빌려줄까?

시마다 근데 저는 소설은 별로 안 좋아해요. 끝까지 다 읽은 적이 없어요….

나카노 어, 그래? 그렇지만 이 책은 소설이라고는 해도 실제 있었던 이야기가 바탕이 된 거라 일반 소설에 비해서 읽기 쉬울 거라 생각하는데….

시마다 그래요? 그럼 다 읽은 후에 빌려주세요.

어휘

すごい	(い형)굉장하다, 대단하다
さっき	(부)아까, 조금 전
すっかり	(부)완전히, 매우
夢中(むちゅう)	(명/な형)몰두함, 열중함
乗(の)り過(す)ごす	(동)하차할 역을 지나치다
どうも	(부)아무래도
苦手(にがて)	(명/な형)잘하지 못함, 서투름
もと	(명)근본, 기초

주요문형

1 ～ところだった　-할 번하다

すっかり夢中(むちゅう)になっちゃって、電車(でんしゃ)を乗(の)り過(す)ごすところだったよ。

완전히 빠져서 전철을 못 내릴 뻔했어.

동(기본형)/동(ない형)ない＋ところだった

- '하마터면 ~할 번했다'라는 의미이다.
- 위험한 상황을 간신히 벗어났을 때 사용한다.
- 'もう少(すこ)しで(하마터면)' '危(あや)うく(잘못하면)' 등의 부사와 함께 사용한다.
- 회화에서는 '～とこだった'가 되는 경우도 많다.

예문

❶ A：あ、これ、持(も)ってくんじゃなかったの？
B：あ、ありがとう。大事(だいじ)な書類(しょるい)を忘(わす)れるところだったよ。
A：어, 이거 가져가는 거 아니었어?
B：아, 고마워. 중요한 서류를 안 가져갈 번했네.

❷ A：あっ。これ、終電(しゅうでん)かも。走(はし)ろう。
B：良(よ)かった。危(あや)うく終電(しゅうでん)を逃(のが)すところだった。
A：앗, 이게 막차일지도 몰라. 뛰자.
B：다행이다. 하마터면 막차를 놓칠 번했네.

③ A：で、友達(ともだち)にはちゃんとあやまったの？

B：うん。ちゃんとあやまったよ。あの時(とき)あやまってなかったら、大切(たいせつ)な友達(ともだち)を失(うしな)うところだったよ。

A : 그래서 친구에게 제대로 사과했어?

B : 응. 제대로 사과했어. 그때 사과하지 않았다면 소중한 친구를 잃을 번했어.

2 ～きる／～きれない 끝까지 -하다/완전히 -하지 못하다

最後(さいご)まで読(よ)み切(き)ったことがなくて…。

끝까지 다 읽은 적이 없어요….

동(ます형)+きる

동(ます형)+きれない

- '最後(さいご)まで～する(마지막까지 ~하다)' '十分(じゅうぶん)に～する(충분히 ~하다)'라는 의미이다.
- 일이 완전하게 진행된 상태를 나타내는 표현이다.

예 言(い)い切(き)る 잘라 말하다/단언하다

売(う)り切(き)る 다 팔다

貸(か)し切(き)る 전세주다/대절하다

腐(くさ)り切(き)る 완전히 부패하다

信(しん)じ切(き)る 완전히 믿다

使(つか)い切(き)る 끝까지 다 쓰다

疲(つか)れ切(き)る 완전히 지치다

逃(に)げ切(き)る 끝까지 도망치다/추격을 따돌리고 승리하다

登(のぼ)り切(き)る 끝까지 올라가다

乗(の)り切(き)る 완전히 넘기다/극복하다

예문

❶ A：初(はつ)マラソン、どうだった？

B：42.195キロはつらかったけど、なんとか最後(さいご)まで走(はし)り切(き)ったよ。

A : 첫 마라톤, 어땠어?

B : 42.195킬로는 힘들었지만 겨우 끝까지 완주했어.

❷ A：これと、これと、これを頼(たの)もうか。

B：えっ、ちょっと多(おお)すぎない？いくら僕(ぼく)でも、こんなには食(た)べ切(き)れないよ。

A : 이거랑 이거, 이거를 주문할까?

B : 어? 좀 많은 거 아닐까? 아무리 나라도 이 정도는 다 못 먹겠는데….

❸ A：えっ、また彼女(かのじょ)に告白(こくはく)したの？

B：うん。どうしても、あきらめ切(き)れなくてさ…。

A : 뭐? 그녀에게 또 고백했어?

B : 응. 아무래도 완전히 포기하지 못해서….

3 ～といっても(～っていっても) -라고 해도

小説(しょうせつ)といっても、実際(じっさい)にあった話(はなし)がもとになってるから、読(よ)みやすいと思(おも)うけど…。

소설이라고는 해도 실제 있었던 이야기가 바탕이 된 거라 읽기 쉬울 거라 생각하는데….

동(보통형)/い형(보통형)/な형어간/な형(보통형)/명/
명(보통형)＋といっても(っていっても)

- ‘Aといっても(っていっても) B’는 ‘A이기는 하지만 실제로는 B이다’라는 의미이다.
- 선행절 내용에 대해서 실제로는 일반적인 생각과 다르다는 것을 나타낼 때 사용한다.

예문

1. A：小林(こばやし)さんって、料理(りょうり)、上手(じょうず)なんだって？
   B：いや、上手(じょうず)っていっても、そこまで上手(じょうず)なわけじゃないよ。
   A：고바야시 씨는 요리를 잘 한다면서?
   B：아니, 잘 하기는 하는데 그렇게까지 잘 하는 건 아니야.

2. A：へえ、お父(とう)さん、社長(しゃちょう)なんだ。すごいね。
   B：いや、社長(しゃちょう)といっても、社員(しゃいん)は二人(ふたり)しかいないんだけどね。
   A：와, 아버지가 사장님이구나. 굉장하네.
   B：그게, 사장이긴 한데 직원이 두 명밖에 없어.

③ A：ねえねえ、ゴルファーの長谷川さんと知り合いなんでしょ？

B：いや、知ってるっていっても、二、三回一緒にお酒飲んだだけだよ。

A : 저기, 골프선수인 하세가와 씨를 안다면서?

B : 그게, 알기는 아는데 두세 번 같이 술을 마신 것 뿐이야.

4 ～にくらべて　-에 비해서

普通の小説に比べて、読みやすいと思うけど…。

일반 소설에 비해서는 읽기 쉬울 거라 생각하는데….

동(보통형)/い형(보통형)/な형어간な/な형어간である/な형어간だった/명(な)/명である/명だった＋(の)にくらべて

- '～と比較すると(~와 비교하면)'라는 의미이다.
- 두 개를 비교할 때 사용한다.
- '～に比べると'도 거의 같은 의미로 사용한다.

예문

① A：ねえ、洋菓子と和菓子だったら、どっちがいい？

B：やっぱり和菓子かな。洋菓子に比べて、和菓子はカロリーが低いから。

A : 저기, 양과자와 화과자 중에 어느 쪽을 좋아해?

B : 아무래도 화과자지. 양과자에 비해 화과자는 칼로리가 낮으니까.

❷ A：もう、桜の花、咲いたってよ。

B：そうなんだってね。今年は、例年に比べて、一週間ぐらい開花の時期が早いらしいよ。

A : 벌써 벚꽃이 피었대.

B : 그렇다면서. 올해는 예년에 비해 일주일 정도 개화 시기가 빠르다고 하더라.

❸ A：地下鉄にする？それとも、バスにする？

B：うーん。やっぱり地下鉄かな。地下鉄で行くのに比べると、バスは時間がかかるからね。

A : 지하철로 갈까? 아니면 버스로 갈까?

B : 음. 역시 지하철이 좋은 것 같은데. 지하철로 가는 것보다 버스는 시간이 더 걸리니까.

연습문제

❶ 風邪(　　　　　　)、そこまでひどくはない。

❷ 最後までやり(　　　　　　)ので、後悔はしていない。

❸ 姉が外向的な性格である(　　　　　　)、妹は内向的な性格である。

❹ 驚いた彼は、危うく持ってたグラスを落とす(　　　　　　)。

정답

❶ といっても(감기이긴 한데 그렇게 심하지는 않다.)

❷ 切った(끝까지 다 해냈으니까 후회는 하지 않는다.)

❸ のに比べて(언니가 사교적인 성격인데 비해 여동생은 내향적인 성격이다.)

❹ ところだった(그는 놀라서 간신히 들고 있던 유리잔을 떨어뜨릴 뻔했다.)

Lesson 3 독서

02. 전보다 더 책을 읽지 않게 된 것 같아

島田　スマホを持つようになってから、以前にもまして、本を読まなくなった気がするんだよね。

青木　分かります。私も移動中は、スマホばっかりしてるんで、読みかけの本が一ヶ月も前から、カバンの中に入りっぱなしになってるんです。

島田　そうそう。移動中に、本を読む時間がないはずないのにね。

青木　そうなんですよ。電車に乗ると、本を読まずに、スマホで芸能ニュースなんかを、つい読んじゃうんですよね。

시마다 스마트폰을 쓰고 나서부터는 전보다 더 책을 안 읽게 된 것 같아.

아오키 맞아요. 저도 이동 중에 스마트폰만 하고 있어서 읽다가 만 책이 한 달 넘게 가방 안에 그대로 들어 있어요.

시마다 그렇지. 이동 중에 책을 읽을 시간이 없는 건 아닐 텐데….

아오키 그렇죠. 전철을 타면 책을 안 읽고 스마트폰으로 그냥 연예계 뉴스 같은 것을 보게 돼요.

어휘

スマホ	(명)스마트폰
以前(いぜん)	(명)이전, 옛날, 과거
気(き)がする	생각이 든다, 느낌이 든다
移動(いどう)	(명/スル)이동
ばっかり (=ばかり)	(부조)~만, ~뿐
そうそう	(감)그래, 그렇지 상대에 대한 동의나 긍정의 마음을 표현하는 말.
芸能(げいのう)	(명)연예
~なんか	(부조)~등, ~따위, ~같은 것 일례를 들어서 나타낸다.
つい	(부)무심코, 그만

주요문형

1 ～にもまして　-보다 더

スマホを持つようになってから、以前にもまして、本を読まなくなった気がするんだよね。

스마트폰을 쓰고 나서부터는 전보다 더 책을 안 읽게 된 것 같아.

명+にもまして

- '～よりもさらに(~보다도 더)' '～以上に(~이상으로)'라는 의미이다.
- 의문사와 함께 사용하는 경우가 많다.

예 いつにもまして＝いつもより　평소보다 더
どこにもまして＝どこよりも　어느 곳보다 더
誰にもまして＝誰よりも　누구보다 더
何にもまして＝何よりも　무엇보다 더

예문

❶ A：清水さん、今日なんか変だったよね。
B：うん。なんかいつにもまして、テンションが高かったよね。
A：오늘 시미즈 씨가 뭔가 좀 이상했지?
B：어. 평소보다 더 들떠있는 것 같았어.

❷ A：そういえば、斉藤さんに会ったんだって？
B：うん。以前にもまして、きれいになってたよ。
A：참, 사이토 씨를 만났다면서?
B：응. 전보다 더 예뻐진 것 같더라.

③ A：コンサート、無事に終わったんだって？

B：ええ、おかげさまで。今年は、去年にもまして、たくさんの人に来てもらえました。

A : 콘서트는 무사히 끝났다면서?

B : 네, 덕분에요. 올해는 작년보다 더 많은 사람들이 와주셨어요.

2 ～かけの／～かけだ／～かける 중도까지 -한/중도까지 -하다

読みかけの本が、カバンの中に入りっぱなしになってるんです。

읽다가 만 책이 가방 안에 그대로 들어 있어요.

동(ます형)+かけの
동(ます형)+かけだ
동(ます형)+かける

- '言う(말하다)' '食べる(먹다)'와 같은 동사와 함께 사용할 때는 중간에 그 동작을 멈춘 상태라는 것을 나타낸다.

  예 食べかけのパンをテーブルの上に置く。
  먹다 만 빵을 테이블 위에 놓다.

- '死ぬ(죽다)' '消える(꺼지다)'와 같은 동사와 함께 사용할 때는 '～しそうになる(~할 뻔하다)' '～する直前の状況である(~하기 직전인 상태이다)'라는 의미가 된다.

  예 ろうそくの火は消えかけていた。
  촛불은 꺼지기 직전이었다.

예문

❶ A：えっ、なんで、風邪薬飲まないの？

B：いや実は、薬のアレルギーで死にかけたことがあってさ。

A : 왜 감기약을 안 먹어?

B : 그게 실은, 약 알레르기로 죽을 뻔한 적이 있어서.

❷ A：ねえ、ここにあったペットボトル、知らない？

B：もしかして、飲みかけのやつ？もう飲まないんだと思って捨てちゃったよ。

A : 저기, 여기 있던 페트병 못 봤어?

B : 혹시 마시다가 둔 거? 이제 안 마시는 줄 알고 버렸는데….

❸ A：風邪ひいてるんでしょ？休まなくても大丈夫なの？

B：うん。治りかけだから、大丈夫。

A : 감기 걸렸지? 쉬지 않아도 괜찮겠어?

B : 응. 낫고 있는 중이니까 괜찮아.

3 ～っぱなし　–한 채로

読(よ)みかけの本(ほん)が、カバンの中(なか)に入(はい)りっぱなしになってるんです。

읽다가 만 책이 가방 안에 그대로 들어 있어요.

동(ます형)＋っぱなし

- '～したままだ(~한 채로이다)' 'ずっと～している(계속 ~하고 있다)'라는 의미이다.
- 어떤 행동을 한 후에 그대로 방치하고 있는 상태를 나타낸다.
- 바람직하지 않은 상태라고 생각할 때 사용한다.

예
開(あ)けっぱなし　열어둔 채로
置(お)きっぱなし　놓아둔 채로
借(か)りっぱなし　빌린 상태로
閉(し)めっぱなし　닫아놓은 상태로
散(ち)らかしっぱなし　어지른 상태로
脱(ぬ)ぎっぱなし　벗어둔 채로

예문

① A：えっ、お兄(にい)さんとケンカしたの？
B：そうなんですよ。テレビつけっぱなしで寝(ね)るなって注意(ちゅうい)したら、ケンカになっちゃって…。
A：어, 형이랑 싸웠어?
B：그렇다니까요. TV 켜놓은 채로 자지 말라고 주의를 줬더니 싸움이 되어서….

❷ A：ねえ、はさみ見なかった？

B：出しっぱなしだったから、引き出しにしまっておきました。

A：저기, 가위 못 봤어?

B：계속 나와 있길래 서랍에 넣어두었어요.

❸ A：お店、テレビで紹介されたらしいじゃん。

B：そうなんですよ。問い合わせの電話が鳴りっぱなしで、もう大変でした。

A：TV에 가게가 소개됐다면서?

B：네. 문의 전화가 계속 와서 아주 힘들었어요.

4 ～はずない（～はずがない） -리가 없다

移動中に、本を読む時間がないはずないのにね。

이동 중에 책을 읽을 시간이 없는 건 아닐 텐데….

동(보통형)/い형(보통형)/な형어간な/な형어간である/な형어간だった/명の/명である/명だった＋はずない（はずがない）

- 어떤 가능성에 대해서 강하게 부정할 때 사용한다.
- '～はずはない'도 사용할 수 있다.

예 事件のことを彼女が知らないはずはない。

사건에 대해 그녀가 모를 리가 없다.

예문

❶ A：そんなに好きなら、告白しちゃいなよ。

B：でも、私なんかが、相手にされるはずがありません。

A：그렇게 좋으면 고백해.

B：하지만 나 따위를 상대해줄 리가 없어요.

❷ A：ねえ、今(いま)の森(もり)さんじゃない？

B：えっ、まさか。森(もり)さんのはずがないよ。

A : 저기, 지금 지나간 사람, 모리 씨가 아니야?

B : 뭐? 설마. 모리 씨일 리가 없어.

❸ A：今日(きょう)の飲(の)み会(かい)、山本(やまもと)さん来(く)るかな？

B：うん。酒好(さけず)きの山本(やまもと)さんが、飲(の)み会(かい)に来(こ)ないはずないでしょ。

A : 오늘 회식, 야마모토 씨도 올까?

B : 응. 야마모토 씨는 술 좋아하니까 회식에 오지 않을 리가 없어.

연습문제

❶ ひとりで全部できる(　　　　　　　)。きっと誰かに手伝ってもらったんだろう。

❷ 彼女は、何かを言い(　　　　　　　)が、途中でやめてしまった。

❸ スピーチというのは、相手にどう伝えるのかが、何(　　　　　　　)重要だ。

❹ 今日は、一日中立ち(　　　　　　　)だったので、疲れてしまった。

정답

❶ はずがない(혼자서 다 했을 리가 없어. 분명 누군가 도와줬을 거야.)

❷ かけた(그녀는 무언가를 말하려고 하다가 더 이상 말하지 않았다.)

❸ にもまして(연설이라는 것은 상대에게 어떻게 전달할지가 무엇보다 중요하다.)

❹ っぱなし(오늘은 하루 종일 서 있었기 때문에 지쳐버렸다.)

Lesson 3 독서

03. 입문서치고는 좀 어려울지도 몰라

井上　あれっ、青木さんが本を読んでるなんて、珍しいね。

青木　読んでるんだけど、何のことだかさっぱり分からなくて、なかなか先に進まないんだよね。

井上　えっ、何の本？ああ、この本か。入門書にしてはちょっと難しいかもね。

青木　えっ、そうなの？他の本を先に読んだほうが良かったかな？

井上　いや、でも専門用語なんかをしっかり押さえながら読み進めれば、十分に理解できると思うよ。この前みたいに途中で挫折しちゃいそう？

青木　いや、大丈夫だと思う。今回は読破してみせるよ。

이노우에 아니, 아오키 씨가 책을 읽다니 웬일이야?

아오키 읽고 있기는 한데 무슨 내용인지 전혀 모르겠어서 좀처럼 진도가 안 나가네.

이노우에 그래? 무슨 책인데? 아, 이 책이구나. 입문서치고는 좀 어려울지도 몰라.

아오키 어, 그런 거야? 다른 책을 먼저 읽는 편이 좋았을까?

이노우에 그게, 그런데 전문용어 같은 걸 확실히 파악하면서 읽어나가면 충분히 이해할 수 있을 거야. 저번처럼 중간에 포기할 것 같아?

아오키 아니, 괜찮을 것 같아. 이번에는 끝까지 읽어볼게.

어휘

珍(めずら)しい	(い형)드물다, 희귀하다
さっぱり	(부)도무지, 전혀
なかなか	(부)좀처럼
入門(にゅうもん)	(명/スル)입문
しっかり	(부)확실히, 똑똑히
押(お)さえる	(동)파악하다
途中(とちゅう)	(명)도중
挫折(ざせつ)	(명/スル)좌절, 포기
読破(どくは)	(명/スル)독파

주요문형

1 ～にしては　-치고는

入門書(にゅうもんしょ)にしてはちょっと難(むずか)しいかもね。

입문서치고는 좀 어려울지도 몰라.

동(보통형)/い형(보통형)/な형어간である/명(である)+にしては

- 'Aにしては(A치고는)'는 'A중에서는 예외적으로'라는 의미이다.
- A에 대한 이미지가 실제와 다를 때 사용한다.
- 대명사 '**それ**'와 함께 사용하는 경우도 있다.

예　彼(かれ)は中学生(ちゅうがくせい)らしいが、それにしてはちょっと子(こ)どもっぽい。
　　그는 중학생이라고 하는데 그런 것 치고는 좀 어리다.

예문

❶ A：あの先生(せんせい)、四十代(よんじゅうだい)なんだって。
B：えっ、四十代(よんじゅうだい)にしては、若(わか)く見(み)えるね。
A：저 선생님, 40대라네.
B：그래? 40대치고는 젊어 보이네.

❷ A：中国語(ちゅうごくご)やってるんだって？
B：うん。初心者(しょしんしゃ)にしては、発音(はつおん)が上手(じょうず)だって、先生(せんせい)にほめられちゃった。
A：중국어 배우고 있다면서?
B：응. 초보자치고는 발음이 좋다고 선생님께 칭찬 받았어.

❸ A：先輩(せんぱい)、彼女(かのじょ)にふられたらしいよ。

B：えっ、ふられたにしては、ずいぶん元気(げんき)だったよ。何(なに)かの間違(まちが)いじゃない？

A：저 선배, 여자친구한테 차였대.

B：그래? 차인 것 치고는 괜찮아 보이던데. 잘못 안 거 아니야?

2 ～なんか –같은 것/–따위

専門用語(せんもんようご)なんかをしっかり押(お)さえながら読(よ)み進(すす)めれば、十分理解(じゅうぶんりかい)できると思(おも)うよ。

전문용어 같은 걸 확실히 파악하면서 읽어나가면 충분히 이해할 수 있을 거야.

명(＋조사)/동(て형)＋なんか

- '～なんか'는 회화체에서 '～など'는 문어체에서 사용한다.
- 앞에 나온 것과 비슷한 것들이 더 있음을 나타낸다.

  예 フレンチとか、イタリアンなんかはどう？
  프랑스 요리나 이탈리아 요리 같은 건 어때?

- 어떤 것을 비하하거나 얕잡아볼 때 사용한다.

  예 別(わか)れた彼氏(かれし)のことなんか、もうどうでもいい。
  헤어진 남자친구 따위 아무래도 상관없다.

- 그럴 리가 없다고 부정하고 싶을 때 사용한다.

  예 からかってなんかいません。
  놀리는 건 절대로 아니에요.

- 뒤에는 부정적인 표현이 오는 경우가 많다.

예문

❶ A：さっきから何怒ってるの？

B：えっ？怒ってなんかないですよ。

A : 아까부터 왜 화가 나 있어?

B : 네? 화난 건 아니에요.

❷ A：やっぱり私が謝るべきなのかな？

B：えっ、向こうが悪いんだから、謝ることなんかないよ。

A : 역시 내가 사과해야 할까?

B : 아니, 저쪽이 잘못했으니까 사과할 필요는 없어.

❸ A：今日は何の映画を見ようかな。

B：えっ、テスト前でしょ？映画なんか見てる暇ないんじゃないの？

A : 오늘은 무슨 영화를 볼까?

B : 아니, 시험 전이잖아? 영화 같은 거 보고 있을 때야?

3 ～てみせる　-해 보이다/-하고야 말겠다

今回(こんかい)は読破(どくは)してみせるよ。

이번에는 끝까지 읽어볼게.

동(て형)＋みせる

- '実際(じっさい)に～する(실제로 ~하다)' 'きちんと～する(제대로 ~하다)'라는 의미이다.
- 화자의 결심을 나타내는 표현이다.

  예 どんな困難(こんなん)でも乗(の)り越(こ)えてみせる。

  어떤 어려움도 극복하고야 말겠다.

- 잘 알 수 있도록 시범을 보일 때 사용한다.

  예 彼(かれ)はみんなの前(まえ)でダンスを踊(おど)ってみせた。

  그는 사람들 앞에서 춤을 보여주었다.

예문

❶ A：次(つぎ)は成功(せいこう)するといいね。

B：うん。必(かなら)ず成功(せいこう)させてみせるよ。

A：다음에는 성공하면 좋겠다.

B：응. 반드시 성공할거야.

❷ A：あんまり気(き)を落(お)とさないようにね。

B：うん。ありがとう。次回(じかい)は必(かなら)ず勝(か)ってみせるよ。

A：너무 실망하지 마.

B：응. 고마워. 다음엔 꼭 이길게.

❸ A：説明はここまでです。質問はありますか。

B：すみませんが、実際に一度やってみせてもらえませんか。

A：설명은 여기까지입니다. 질문 있으세요?

B：죄송하지만 실제로 하는 것을 한번 보여주시겠어요?

연습문제

❶ 彼女は、女性(　　　　　　)、かなり背が高い方だ。

❷ もう、お母さんのこと(　　　　　　)大っ嫌い。

❸ 彼は子ども達の前で、手品をやっ(　　　　　　)。

정답

❶ にしては(그녀는 여자치고는 상당히 키가 큰 편이다.)

❷ なんか(엄마 정말 미워.)

❸ てみせた(그는 아이들 앞에서 마술을 선보였다.)

Quiz

❶ 本や漫画などを、みんなで順番に読むことを何というでしょうか。

책이나 만화 등을 여럿이 순서대로 읽는 것을 뭐라고 할까요?

❷ 本屋の店頭で、本を買わずに読むことを何というでしょうか。

서점에서 책을 사지 않고 읽는 것을 뭐라고 할까요?

❸「つんどく」という言葉があります。どういう意味でしょうか。

「つんどく」라는 단어가 있습니다. 어떤 의미일까요?

❹ 本を本棚に縦に入れたとき、見える部分を何というでしょうか。

책을 책장에 꽂았을 때 보이는 부분을 뭐라고 할까요?

❺ 日本で最も大きな古書店街はどこでしょうか。

일본에서 가장 큰 고서점 거리는 어디일까요?

정답

❶ 돌려서 읽는다는 뜻으로 「回し読み」라고 합니다.

❷ 서서 읽는다는 뜻으로 「立ち読み」라고 합니다.

❸「積んでおく/積んどく(쌓아두다)」와 「読書(독서)」의 「どく」를 결합한 단어입니다. 책을 사서 쌓아두기만 하고 읽지 않는 것을 말합니다.

❹「背表紙(책등)」라고 합니다. 참고로 앞표지는 「表表紙」 뒷표지는 「裏表紙」라고 합니다.

❺「神田神保町(간다 진보초)」입니다. 「東京都千代田区(도쿄도 치요다구)」에 있습니다.

Lesson 4 반려동물

01. 고양이를 기르기 시작했어

中野　最近、猫を飼い始めたんだけどさ、ほんとかわいくてたまらないんだ。

島田　うらやましい。実は僕も猫飼いたいんですけど、今の家はペット、飼えないことになってるんですよ。だから、引っ越さない限りは、無理なんです。

中野　ペット禁止のところって、結構あるもんね。

島田　まあ、こっそり見つからないように飼ってる人もいるみたいですけどね。

나카노 최근에 고양이를 기르기 시작했는데 정말 귀여워 죽겠어.

시마다 부럽네요. 실은 나도 고양이를 기르고 싶은데 지금 사는 집은 애완동물을 못 기르거든요. 그러니까 이사를 하지 않는 한 기르기는 어려워요.

나카노 애완동물을 금지하는 곳이 꽤 많지.

시마다 그런데 몰래 들키지 않게 기르는 사람도 있는 것 같아요.

어휘

うらやましい	(い형)부럽다
引っ越す(ひっこす)	(동)이사하다
無理(むり)	(명/な형/スル)무리
禁止(きんし)	(명/スル)금지
結構(けっこう)	(부)꽤, 상당히
こっそり	(부)몰래, 살짝
見つかる(みつかる)	(동)들키다, 발견되다

주요문형

1 ～てたまらない　-해서 참을 수 없다/-해서 견딜 수 없다

猫(ねこ)を飼(か)い始(はじ)めたんだけどさ、ほんとかわいくてたまらないんだ。

고양이를 기르기 시작했는데 정말 귀여워 죽겠어.

동(て형)/い형어간くて/な형어간で＋たまらない

- '참을 수 없을 정도로 ~이다'라는 의미이다.
- 상태나 느낌의 정도가 매우 심하다는 것을 나타낸다.
- 'たまらない' 앞에 오는 말을 반복해서 강조할 수 있다.

예 薬(くすり)を飲(の)んだせいか、眠(ねむ)くて眠(ねむ)くてたまらない。

약을 먹은 탓인지 너무 졸려서 견딜 수가 없다.

- 제3자의 모습을 서술할 때는 '～ようだ(~인 것 같다)' '～らしい(~인 것 같다)' 등과 함께 사용한다.

예 鈴木(すずき)さんは娘(むすめ)のことが心配(しんぱい)でたまらないようだ。

스즈키 씨는 딸을 너무 걱정하는 것 같다.

예문

1 A : どうしたの？

B : 蚊(か)に刺(さ)されたところが、かゆくてたまらないんです。

A : 왜 그래?

B : 모기한테 물린 곳이 가려워서 못 견디겠어요.

❷ A：どうしたの？

B：実は、検査の結果が明日出るんですけど、不安でたまらなくって。

A : 무슨 일 있어?

B : 실은 검사 결과가 내일 나오는데 너무 불안해서요.

❸ A：どうしたの？

B：何か飲む物、ありませんか。喉が乾いてたまらなくって。

A : 무슨 일이야?

B : 뭐 마실 것 없을까요? 목이 말라 못 견디겠어요.

2 ～ことになっている －하기로 되어 있다

今の家はペット飼えないことになってるんですよ。

지금 사는 집은 애완동물을 못 기르게 되어 있거든요.

동(기본형)/동(ない형)ない＋ことになっている

- 예정·법률·규칙·관습에 대해서 말할 때 사용한다.
- 참고로 '～ことになる'는 '～ことに決まる(~하게 되다)'라는 의미로 경과나 결과를 나타낸다.

예 四月から大阪に転勤することになった。
4월부터 오사카로 전근가게 되었다.

예문

❶ A：会社の健康診断って、受けないとダメなんですか。

B：はい。年に一回は受けないといけないことになっています。

A : 회사의 건강검진은 꼭 받아야 합니까?

B :네. 일년에 한번은 받아야 합니다.

❷ A：先生、ここで写真、撮ってもいいですか？

B：いいえ。ここでは写真を撮ってはいけないことになっています。

A : 선생님, 여기서 사진을 찍어도 될까요?

B : 아니요. 여기서는 사진을 찍으면 안 됩니다.

❸ A：まだ、商品来てないんですか。

B：そうなんですよ。今日着くことになっているんですが…。

A : 아직 상품이 안 왔어요?

B : 네. 오늘 도착하기로 되어 있는데….

3 ～ないかぎり(は) -하지 않는 한

引っ越さない限りは、無理なんです。

이사를 하지 않는 한 기르기가 어려워요.

동(ない형)ない/い형어간くない/な형어간ではない/
명ではない+かぎり(は)

- '어떤 동작을 하지 않으면'이라는 의미로 조건을 나타낸다.
- '선행절이 이루어지면 바람직한 결과가 이루어진다'라는 의미도 포함한다.
- 뒤에는 부정적인 내용이 오는 경우가 많다.
- '余程のことがない限り(어지간한 일이 없는 한)'라는 관용 표현도 있다.

예 正社員であれば、余程のことがない限り首になることはないだろう。

정규직이면 어지간한 일이 없는 한 해고를 당하지는 않을 것이다.

- 참고로 '～かぎり'는 '어떤 동작이나 상태가 지속되는 조건에서는' '어떤 동작이나 상태가 지속되는 동안에는'이라는 의미이다.

예 少なくとも、ここにいる限りは安全だ。

적어도 여기에 있는 한 안전하다.

예문

❶ A：えっ、彼女とケンカしたの？

B：はい。彼女があやまらない限り、仲直りするつもりはありません。

A : 뭐? 여자친구랑 싸웠어?

B : 네. 여자친구가 사과하지 않는 한 화해할 생각은 없어요.

❷ A：プロの道ってさ、厳しいよね。

B：うん。好きじゃない限り、続けられないと思う。

A : 프로의 길이란 험난하네.

B : 응. 좋아하지 않는 한 계속하기 힘들다고 생각해.

❸ A：彼女さ、演技の勉強もしたことないのに、女優になりたいんだって。

B：よっぽどの天才じゃない限り、難しいんじゃない？

A : 그녀는 연기를 공부한 적도 없는데 여배우가 되고 싶대.

B : 여간한 천재가 아닌 한 어렵지 않을까?

4 ～ように(의도) -하도록

見(み)つからないように飼(か)ってる人(ひと)もいるみたいですけどね。

들키지 않게 기르는 사람도 있는 것 같아요.

> **동(기본형)/동사(ない형)ない＋ように**
>
> - '~하게끔'이라는 의미로 사용한다.
> - 선행절이 후행절에 오는 행동이나 일에 대한 목적이 된다는 것을 나타낸다.
> - '～しやすいように(~하기 쉽도록)'라는 형태로도 사용한다.
>
> **예** 見(み)つけやすいように付(ふ)せんを付(つ)けておく。
>
> 쉽게 찾을 수 있도록 포스트잇을 붙여놓는다.

예문

❶ A：どこに座(すわ)りましょうか。

B：よく見(み)えるように、前(まえ)の方(ほう)に座(すわ)ろうか。

A：어디에 앉을까요?

B：잘 보이도록 앞쪽에 앉을까.

❷ A：どっちにするか、悩(なや)むな。

B：どっちにするにしても、後(あと)で後悔(こうかい)しないようにじっくり考(かんが)えた方(ほう)がいいよ。

A：어느 쪽으로 할지 고민되네.

B：어느 쪽이든 나중에 후회하지 않도록 충분히 생각하는 게 좋을 거야.

❸ A：これぐらいの大きさは、どうですか。

B：うーん。ちょっと大きいかな。食べやすいように、もう少し小さく切ってくれる？

A：이 정도 크기는 어떨까요?

B：음. 좀 크려나. 먹기 편하도록 좀 더 작게 잘라 줄래?

연습문제

❶ 最近、仕事が嫌で嫌で(　　　　　　　)。

❷ 今日は、取り引き先の人と飲む(　　　　　　　)。

❸ 忘れない(　　　　　　　)、メモしておいた方がいい。

❹ よっぽど歌がうまく(　　　　　　　)、歌手になるのは難しいだろう。

정답

❶ たまらない(요즘 일하기가 너무 싫어서 견딜 수가 없어.)

❷ ことになっている(오늘은 거래처 사람과 술마시기로 되어 있다.)

❸ ように(잊어버리지 않도록 메모해두는 편이 좋다.)

❹ ない限り(어지간히 노래를 잘하지 않는 한 가수가 되기는 어려울 것이다.)

Lesson 4 반려동물

02. 애완동물을 길러본 적이 없어?

島田　青木さんって、確か動物、苦手なんだよね。

青木　ええ、そうなんですよ。小さい頃、猫に引っかかれて、傷だらけになったことがあるものですから…。

島田　えっ、じゃあ、今までに一度もペット飼ったことないの？

青木　そうなんですよ。犬や猫はおろか、金魚でさえも飼ったことがないんです。

島田　えっ、それはもったいないね。犬なんかは、なつくと、ものすごくかわいいんだよ。

青木　そうなんですか？

시마다　아오키 씨는 동물 싫어하지?

아오키　네, 그래요. 어렸을 때 고양이가 할퀴어서 상처투성이가 된 적이 있거든요….

시마다　어, 그럼 지금까지 한번도 애완동물을 길러본 적이 없어?

아오키　네. 강아지나 고양이는커녕 금붕어조차도 기른 적이 없어요.

시마다　아, 그건 좀 안타깝네. 강아지가 잘 따르면 엄청 귀여운데.

아오키　그래요?

어휘

確(たし)か	(부)분명히, 확실히, 아마
苦手(にがて)	(명/な형)서투름, 싫어함
引(ひ)っかく	(동)할퀴다
傷(きず)	(명)상처
ペット(pet)	(명)애완동물
金魚(きんぎょ)	(명)금붕어
もったいない	(い형)아깝다
なつく	(동)친숙해져서 따르다

주요문형

1 ～だらけ -투성이

猫(ねこ)に引(ひ)っかかれて、傷(きず)だらけになったことがあるんです。

고양이가 할퀴어서 상처투성이가 된 적이 있거든요….

명+だらけ

- '너무 많은 상태'라는 의미로 부정적인 평가를 나타낸다.

예
穴(あな)だらけ　구멍투성이
傷(きず)だらけ　상처투성이
ごみだらけ　쓰레기투성이
借金(しゃっきん)だらけ　빚투성이
しわだらけ　주름투성이
血(ち)だらけ　피투성이
矛盾(むじゅん)だらけ　모순투성이

예문

① A：新(あたら)しい会社(かいしゃ)には慣(な)れた？

B：いえ、まだ分(わ)からないことだらけで、慣(な)れるまでにはもう少(すこ)し時間(じかん)がかかりそうです。

A：새로운 회사에는 적응했어?

B：아니요, 아직 모르는 게 많아서 적응할 때까지 시간이 좀 더 걸릴 것 같아요.

❷ A：この部屋(へや)、誰(だれ)も掃除(そうじ)してなかったのかな。

B：ほんとだ。床(ゆか)もたなもほこりだらけだね。

A : 이 방, 아무도 청소를 안 했었나?

B : 정말이네. 마루도 선반도 먼지투성이야.

❸ A：おいっこさん？かわいいね。

B：かわいいけど、毎日(まいにち)泥(どろ)だらけになって帰(かえ)って来(く)るから、大変(たいへん)らしいですよ。

A : 조카야? 귀엽네.

B : 귀엽기는 한데 매일 흙투성이가 되어 돌아오니까 힘든가 봐요.

2 ～ものですから／～ものだから　-이기 때문에

傷(きず)だらけになったことがある**ものですから**…。

상처투성이가 된 적이 있거든요….

동(보통형)/い형(보통형)/な형어간な/な형어간だった/명な/명だった＋ものですから／ものだから

- 어떤 상황에 이르게 된 원인·이유를 설명할 때 사용한다.
- '자연스럽게 그렇게 되었다'라는 의미를 포함한다.
- '～もんですから' '～もんだから'도 같은 의미이다.

예문

❶ A：へえ、山口(やまぐち)さんって、ジャズが好(す)きなんだ。

B：ええ。父(ちち)の影響(えいきょう)で、子(こ)どもの頃(ころ)から、よく聞(き)いていたものですから。

A : 그래? 야마구치 씨는 재즈를 좋아하는구나.

B : 네. 아버지 영향으로 어릴 때부터 자주 들었거든요.

❷ A：えっ、これ、全部食べちゃったの？

B：うん。おいしかったもんだから、つい…。

A : 앗, 이거 다 먹었어?

B : 응. 맛있어서 그만….

❸ A：では、佐々木さんに、ご挨拶いただきましょう。

B：皆様、こんにちは。こういう場で挨拶をするのは、初めてなものですから、少し緊張しております。

A : 그러면 사사키 씨의 인사말씀을 듣기로 하겠습니다.

B : 여러분, 안녕하십니까. 이런 자리에서 인사를 드리는 것이 처음이라 조금 긴장하고 있습니다.

3 ～はおろか　-는커녕

犬や猫はおろか、金魚も飼ったことがないんです。

강아지나 고양이는커녕 금붕어도 기른 적이 없어요.

명+はおろか

- ‘AはおろかB’는 ‘A는커녕, B조차’라는 의미이다.
- 어떤 것은 물론, 그보다 덜하거나 못한 것까지 부정할 때 사용한다.
- 뒤에는 부정적인 내용이 온다.

예문

❶ A：飲み会で会った清水君って覚えてる？

B：清水君？顔はおろか、名前さえも覚えていないんだけど…。

A : 지난번에 술 마실 때 만난 시미즈 군이라고 기억나?

B : 시미즈 군? 얼굴은커녕 이름조차 기억 안 나는데….

❷ A：面談どうだった？

B：このままだと、卒業はおろか進級ですら危ないって言われちゃった。

A : 면담 어땠어?

B : 이 상태면 졸업은커녕 진급조차 위험하다는 말을 들었어.

❸ A：どうしたの？

B：腰が痛くて、座ることはおろか、歩くこともままならないんだ。

A : 어디 아파?

B : 허리가 아파서 앉기는커녕 걷는 것도 마음대로 안 되네.

4 ～さえ(も) –조차(도)

金魚でさえ飼ったことがないんです。

금붕어조차도 기른 적이 없어요.

명(+조사)+さえ(も)

동(て형)+さえ(も)

- '～も(~도)'라는 의미이다.
- 일반적으로 예상하기 어려운 극단적인 경우까지 포함한다는 것을 나타낸다.
- 'でさえ'의 형태로 사용하는 경우도 많다.

  예 その道のプロでさえ判断が難しいという。

  전문가조차도 판단이 어렵다고 한다.
- 비슷한 표현으로는 '～すら'가 있다.
- '～すら'보다 '～さえ'를 더 많이 사용한다.

예문

❶ A：田中さん、韓国語勉強してるんだって？

B：うん。でもまだハングルさえも書けないんだ。

A : 다나카 씨, 한국어 공부 한다면서?

B : 응. 하지만 아직 한글조차 못 써.

❷ A：妹さんから、連絡あった？

B：いえ。それが、どこにいるのかさえ、分からないんです。

A : 여동생에게 연락 왔어?

B : 아니요. 어디 있는지조차 몰라요.

❸ A：僕さ、大企業に就職したいんだ。

B：大企業に入ったからって、安心はできないよ。大企業でさえも、倒産する時代だからね。

A : 나는 대기업에 취직하고 싶어.

B : 대기업에 들어갔다고 안심할 수는 없어. 대기업조차도 망하는 시대니까.

연습문제

❶ その部屋(へや)には、エアコン(　　　　　　)、扇風機(せんぷうき)もなかった。

❷ 一日(いちにち)も早(はや)く、借金(しゃっきん)(　　　　　　)の生活(せいかつ)を抜(ぬ)け出(だ)したい。

❸ こんな問題(もんだい)、小学生(しょうがくせい)(　　　　　　)解(と)けるよ。

❹ 今週(こんしゅう)は忙(いそが)しかった(　　　　　　)、連絡(れんらく)が遅(おそ)くなってしまいました。

정답

❶ はおろか(그 방에는 에어컨은커녕 선풍기도 없었다.)

❷ だらけ(하루라도 빨리 빚투성이 생활에서 벗어나고 싶다.)

❸ でさえ(이런 문제는 초등학생도 풀 수 있어.)

❹ ものですから(이번 주는 바빴기 때문에 연락이 늦어졌습니다.)

Lesson 4 반려동물

03. 지금은 가물치를 키우고 있어

青木(あおき)　井上(いのうえ)さんの彼氏(かれし)って、確(たし)か魚(さかな)を飼(か)ってるって言(い)ってたよね。

井上(いのうえ)　うん。今(いま)は雷魚(らいぎょ)を飼(か)ってるよ。

青木(あおき)　ええ、雷魚(らいぎょ)なんて飼(か)ってるの？雷魚(らいぎょ)って結構(けっこう)大(おお)きいよね。

井上(いのうえ)　雷魚(らいぎょ)っていっても、まだ子(こ)どもだから小(ちい)さいんだ。

青木(あおき)　なんだ。びっくりした。でも、どうやって飼育(しいく)するの？

井上(いのうえ)　お店(みせ)の人(ひと)に教(おし)えてもらった通(とお)りに飼育(しいく)すれば問題(もんだい)ないらしいよ。

青木(あおき)　そうなの？エサはどんなものをあげればいいの？

井上(いのうえ)　うちの彼氏(かれし)は、小(ちい)さい虫(むし)とか海老(えび)とかをあげてるみたいだよ。

青木(あおき)　そうなんだ。やっぱり生(い)きているエサじゃないと駄目(だめ)なの？

井上(いのうえ)　それが、もともとは生(い)きてるエサしか食(た)べないらしいんだけど、慣(な)れちゃえば冷凍(れいとう)のエサでも食(た)べるようになるんだって。

青木(あおき)　へえ、そうなんだ。

아오키　이노우에 씨의 남자친구는 물고기를 키우고 있다고 했었지?

이노우에　응. 지금은 가물치를 키우고 있어.

아오키　와, 가물치 같은 걸 키운다고? 가물치는 상당히 크잖아.

이노우에　가물치라고 해도 아직 치어라서 작아.

아오키　뭐야, 놀랐잖아. 그런데 어떻게 키우는 데?

이노우에　가게에서 가르쳐 준 대로 사육하면 문제 없는 것 같아.

아오키　그래? 먹이는 어떤 걸 주면 되는데?

이노우에　남자친구는 작은 벌레나 새우 같은 걸 주는 것 같아.

아오키　그렇구나. 역시 살아있는 먹이가 아니면 안돼?

이노우에　그게, 원래는 살아있는 먹이밖에 안 먹는 것 같은데, 익숙해지면 냉동 먹이도 먹게 된다고 하네.

아오키　아, 그렇구나.

어휘

彼氏(かれし)	(명)남자친구
雷魚(らいぎょ)	(명)가물치
なんだ	뭐야, 저런 뜻밖의 사태에 놀라거나 허탈함을 나타낸다.
びっくり	(부/スル)깜짝 놀람
飼育(しいく)	(명/スル)사육
エサ	(명)먹이, 사료
海老(えび)	(명)새우
生(い)きる	(동)살다, 생명이 있다
もともと	(부)원래
慣(な)れる	(동)길들다, 익숙해지다
冷凍(れいとう)	(명/スル)냉동

주요문형

1 ~なんて　-이라니/-같은 것

雷魚(らいぎょ)なんて飼(か)ってるの？

가물치 같은 걸 키운다고?

> 동사(보통형)/い형(보통형)/な형(보통형)/명(보통형)/명 + なんて
>
> • '~이라니' '~하다니'라는 의미이다.
>
> • 어떤 것에 감탄하거나 어떤 것을 비하할 때 사용한다.

예문

❶ A：あれ、橋本(はしもと)さん！

B：わ、こんなところで会(あ)うなんて、びっくり。

A : 어? 하시모토 씨!

B : 와, 이런 곳에서 만나다니 깜짝 놀랐네.

❷ A：今日(きょう)はカフェ、お休(やす)みみたい。

B：えっ、せっかくここまで来(き)たのに、休(やす)みだなんて。

A : 오늘은 이 카페, 쉬는 날인 것 같아.

B : 어, 기껏 여기까지 왔는데 휴일이라니.

❸ A：ねえ、私(わたし)のチョコレート食(た)べたでしょ。

B：えっ、チョコレートなんて知(し)らないよ。

A : 저기, 내 초콜릿 먹었지?

B : 어, 초콜릿? 못 봤는데….

2 ～とおり(に)／～どおり(に) -대로

お店(みせ)の人(ひと)に教(おし)えてもらった通(とお)りに飼育(しいく)すれば問題(もんだい)ないらしいよ。

가게에서 가르쳐 준 대로 사육하면 문제 없는 것 같아.

동(기본형)/동(た형)/명の + とおり(に)

명 + どおり(に)

- '～と同(おな)じように(~와 같이)' '～のままに(~인 채로)'라는 의미이다.
- 명사에 직접 붙는 경우는 'どおり'라고 읽는다.

예		
	額面通(がくめんどお)り	액면 그대로
	希望通(きぼうどお)り	희망대로
	計画通(けいかくどお)り	계획대로
	指示通(しじどお)り	지시대로
	順番通(じゅんばんどお)り	순서대로
	マニュアル通(どお)り	매뉴얼대로
	文字通(もじどお)り	문자 그대로/사실 그대로
	元通(もとどお)り	원래대로
	予想通(よそうどお)り	예상대로
	予定通(よていどお)り	예정대로

예문

1. A：カルボナーラを作(つく)ってみたんだけど、また失敗(しっぱい)しちゃった。
   B：レシピに書(か)いてある通(とお)りやってみた？
   A : 까르보나라를 만들어 봤는데 또 실패했어.
   B : 레시피에 적힌 대로 해봤어?

❷ A：えっ、小林さん、怒ってるの？

B：うん。あの人、自分の思い通りにならないとすぐ怒るからね。

A : 어, 고바야시 씨 화난 거야?

B : 응. 저 사람은 자기가 생각한 대로 안 되면 금방 화를 내거든.

❸ A：えっ、家具、まだ組み立ててないの？

B：うん。説明書の通りに作ってみたんだけど、どうもうまくいかなくって。

A : 어, 가구 아직도 조립 안 했어?

B : 응. 설명서대로 만들어 봤는데 잘 안 돼서….

3 ～とか～とか -라든지/-라든가

小さい虫とか海老とかをあげてるみたいだよ。

작은 벌레나 새우 같은 걸 주는 것 같아.

동(보통형)/い형(보통형)/な형어간/な형(보통형)/명/명(보통형)＋とか、
동(보통형)/い형(보통형)/な형어간/な형(보통형)/명/명(보통형)＋とか

- 예로 들어 열거할 때 사용한다.
- 꼭 그것이 아니라 비슷한 것들을 가리키는 표현이다.
- 회화에서 사용하는 경우가 많다.
- 마지막 예에 붙는 '～とか'는 생략되는 경우가 많다.

예문

❶ A : ねえ、どんな果物(くだもの)が好(す)き？

B : そうだね。りんごとかいちごとかが好(す)きかな。

A : 저기, 어떤 과일을 좋아해?

B : 글쎄. 사과나 딸기 같은 걸 좋아해.

❷ A : 休(やす)みの日(ひ)は、何(なに)してるんですか？

B : 友達(ともだち)に会(あ)ったりとか、絵(え)を描(か)いたりして過(す)ごしてるかな。

A : 쉬는 날은 뭐 하세요?

B : 친구를 만나거나 그림을 그려.

❸ A : 今日(きょう)は、ラーメンでも食(た)べに行(い)きませんか？

B : いいね。私(わたし)、ラーメンとかうどんとか、麺類(めんるい)に目(め)がないんだ。

A : 오늘은 라멘이나 먹으러 갈래요?

B : 좋아. 나는 라멘이나 우동 같은 면류를 아주 좋아하거든.

연습문제

❶ 毎日(まいにち)、十分(じゅっぷん)(　　　　)二十分(にじゅっぷん)でいいので、運動(うんどう)をした方(ほう)がいい。

❷ 上司(じょうし)に指示(しじ)された(　　　　　　)動(うご)く。

❸ 会費(かいひ)が一人(ひとり)五千円(ごせんえん)(　　　　　　)、ちょっと高(たか)すぎるんじゃない？

정답

❶ とか(매일 10분이나 20분이라도 괜찮으니까 운동을 하는 편이 좋다.)

❷ 通(とお)りに(상사에게 지시받은 대로 움직인다.)

❸ だなんて(회비가 1인당 5천 엔이라니, 좀 비싸지 않아?)

Quiz

❶ かわいがっていた人に、裏切られるという意味のことわざを何というでしょうか。

귀여워하던 사람에게 배신당하다는 뜻의 속담은 무엇일까요?

❷ 動物のお医者さんのことを、何というでしょうか。

동물을 돌보는 의사를 뭐라고 할까요?

❸ これは動物の鳴き声です。何の動物の鳴き声か当ててみましょう。

아래 보기는 동물의 울음소리입니다. 무슨 동물의 울음소리일지 맞춰보세요.

(1) ブウブウ

(2) コケコッコー

(3) カアカア

❹ 日本にあって、韓国にない「干支」は何でしょうか。

일본에는 있고 한국에는 없는 '띠'는 뭘까요?

❺ 本性を隠しておとなしくしていることを何というでしょうか。

본성을 숨기고 얌전한 체하는 것을 뭐라고 할까요?

정답

❶ 「飼い犬に手をかまれる(기르던 개한테 손을 물리다)」라고 합니다. 한국 속담으로는 '믿는 도끼에 발등 찍힌다'가 있습니다.

❷ 「獣医(수의사)」라고 합니다.

❸ (1) 「豚(돼지)」가 우는 소리입니다.
(2) 「鶏(닭)」가 우는 소리입니다.
(3) 「カラス(까마귀)」가 우는 소리입니다.

❹ 「いのしし(멧돼지)」입니다. 일본에서는 「豚(돼지)」 대신에 「いのしし」가 「干支(띠)」에 들어 있습니다.

❺ 「猫をかぶる(내숭을 떨다, 얌전한 체하다)」라고 합니다.

Lesson 5 패션

01. 결국 그 스커트를 샀어?

中野(なかの)　結局(けっきょく)あのスカート買(か)ったの？

青木(あおき)　いえ。それが、私(わたし)が迷(まよ)ってるうちに、売(う)れちゃったんですよ。やっぱりあの時(とき)買(か)っておくべきでした。

中野(なかの)　えっ、それは残念(ざんねん)だったね…。

青木(あおき)　今度(こんど)から、どんなに迷(まよ)おうが、その場(ば)で決断(けつだん)するようにします。

中野(なかの)　うん。人気商品(にんきしょうひん)とかはすぐ売(う)れちゃうから、その方(ほう)がいいかもね。

나카노　결국 그 스커트 샀어?

아오키　아니요. 그게, 내가 망설이고 있는 사이에 팔려버렸어요. 역시 그때 샀어야 했어요.

나카노　아, 그건 아깝네….

아오키　다음부터는 아무리 고민된다 하더라도 그 자리에서 결정하도록 하려고요.

나카노　응. 인기상품은 금방 팔리니까 그게 좋을 거야.

어휘

結局(けっきょく)	(부)결국
迷(まよ)う	(동)망설이다
残念(ざんねん)	(명/な형)아쉬움, 유감스러움
その場(ば)	그 자리, 즉각
決断(けつだん)	(명/スル)결단
すぐ	(부)곧, 금방, 바로

주요문형

1 ～うちに　-하는 동안에

私が迷ってるうちに、売れちゃったんですよ。

내가 망설이고 있는 사이에 팔려버렸어요.

동(기본형)/동(ない형)ない/동(て형)+いる/い형(기본형)/な형어간な/명の+うちに

- い형용사·な형용사·명사와 함께 사용할 때는 '~인 상태가 지속되고 있는 동안에'라는 의미이다.
- 동사와 함께 사용할 때는 '～している間に(~하고 있는 동안에)' '～する前に(~하기 전에)'라는 의미이다.

예 本を読んでいるうちに、すっかり夢中になってしまった。
책을 읽다 보니 푹 빠져버렸다.

예 いろんな話をするうちに、二人はお互いのことを認め合うようになった。
여러 이야기를 하다 보니 둘은 서로를 인정하게 되었다.

예문

❶ A：今年の夏は、家族みんなで旅行に行く予定なの。
B：へえ、そうなんだ。まあ、親が元気なうちに、親孝行しておかないとね。

A : 올 여름은 가족이 함께 여행을 갈 예정이야.
B : 아, 그렇구나. 뭐 부모님이 건강하실 동안에 효도해야지.

❷ A：実(じつ)は留学(りゅうがく)しようかどうかで迷(まよ)ってるんだ。

B：若(わか)いうちに、いろんな経験(けいけん)しておいたほうがいいよ。

A : 실은 유학갈지 말지 고민하고 있어.

B : 젊었을 때 여러 경험을 해두는 편이 좋지.

❸ A：わぁ、おいしそう。

B：どうぞ。冷(さ)めないうちに、召(め)し上(あ)がれ。

A : 우와, 맛있겠다.

B : 어서 식기 전에 먹어.

2 ～べきだった　-했어야 했다

やっぱりあの時(とき)買(か)っておくべきでした。

역시 그때 샀어야 했어요.

동(기본형)+べきだった

- '그렇게 했어야 했는데 하지 않았다'는 의미이다.
- 자신에 대해서 말할 때는 후회하는 마음을 나타낸다.
- 'する'는 'するべきだった'와 'すべきだった'의 두 가지 형식이 있다.

예문

❶ A：えっ、手術(しゅじゅつ)することになったの？

B：うん。もっと早(はや)く病院(びょういん)に行(い)っておくべきだったよ。

A : 뭐? 수술하게 됐어?

B : 응. 좀 더 빨리 병원에 갔어야 했어.

❷ A：テスト、すっごい難しかったよね。

B：うん。もっと勉強しておくべきだった。

A : 시험, 굉장히 어려웠지?

B : 응. 공부를 더 했어야 했어.

❸ A：迷っているうちに、他の人に決まったって連絡があったの。

B：もっと早く決断すべきだったんじゃない？

A : 망설이고 있는 사이에 다른 사람으로 결정되었다는 연락이 왔어.

B : 좀 더 빨리 결단했어야 하는 거 아니야?

3 ～(よ)うが -더라도

今度から、どんなに迷おうが、その場で決断するようにします。

다음부터는 아무리 고민된다 하더라도 그 자리에서 결정하도록 하려고요.

동(의지형)/い형어간かろう/な형어간だろう/명だろう＋が

- '앞에서 서술한 내용이 어떻든 상관없이'라는 의미이다.

예문

❶ A：このライブ、チケットが三万円もするんだって。

B：どんなに高かろうが、見たいっていう人はいるからね。

A : 이 공연, 티켓이 3만 엔이나 한다네.

B : 아무리 비싸더라도 보고 싶은 사람은 있으니까.

❷ A：やりたいことがあるんだけど、みんなに反対されてるんだ。
B：誰が何と言おうが、自分の信じた道を行けばいいよ。
A：하고 싶은 일이 있는데 다들 반대하네.
B：누가 뭐라 하든 자기가 믿는 길을 가면 돼.

❸ A：前田さんのこと、どうも異性として見れなくって。
B：分かる。どんなにいい人だろうが、恋愛対象として見れない人っているよね。
A：마에다 씨를 아무래도 이성으로 볼 수가 없어.
B：알아. 아무리 좋은 사람이라도 연애상대로 볼 수 없는 사람이 있거든.

4 ～ようにする／～ようにしている －하도록 하다

今度から、その場で決断するようにします。

다음부터는 그 자리에서 결정하도록 하려고요.

동(기본형)/동(ない형)ない＋ようにする
동(기본형)/동(ない형)ない＋ようにしている

- '～ようにする'는 '앞으로는 ~하려고 노력하겠다' '앞으로는 ~하도록 하겠다'라는 의미이다.

  예 今度からはミスをしないようにしようと思う。
  앞으로는 실수를 하지 않도록 하겠다.

- '～ようにしている'는 '평소부터 ~하려고 노력하고 있다' '평소부터 ~하도록 하고 있다'라는 의미이다.

  예 毎日三十分ぐらいは運動をするようにしている。
  매일 30분 정도는 운동을 하려고 한다.

예문

❶ A：なんか、やせたんじゃない？

B：うん。午後八時以降(ごごはちじいこう)は、何(なに)も食(た)べないようにしてるんだ。

A : 어쩐지 마른 것 같은데?

B : 응. 오후 8시 이후에는 아무것도 안 먹으려고 해.

❷ A：えっ、もう寝(ね)るの？

B：うん。最近十時(さいきんじゅうじ)には寝(ね)るようにしてるんだ。

A : 어, 벌써 자는 거야?

B : 응. 요즘은 10시에는 자려고 하거든.

❸ A：メールの返信(へんしん)ってさ、面倒(めんどう)だよね。

B：私(わたし)は、メールが来(き)たらすぐ返(かえ)すようにしてるよ。

A : 메일에 답신 보내는 거 귀찮아.

B : 나는 메일이 오면 바로 보내려고 해.

연습문제

❶ どんなにお腹(なか)がいっぱい(　　　　　　)、デザートは食(た)べられる。

❷ あの時(とき)、忘(わす)れないようにメモをしておく(　　　　　　)。

❸ 何度(なんど)も歌(うた)っている(　　　　　　)歌詞(かし)を全部(ぜんぶ)覚(おぼ)えてしまった。

❹ 毎日(まいにち)三十分(さんじゅっぷん)は、歩(ある)く(　　　　　　)。

정답

❶ だろうが(아무리 배가 불러도 디저트는 먹을 수 있다.)

❷ べきだった(그때 잊어버리지 않도록 메모를 해두었어야 했다.)

❸ うちに(몇 번이고 노래를 부르고 있는 사이에 가사를 전부 외워버렸다.)

❹ ようにしている(매일 30분은 걷도록 하고 있다.)

Lesson 5 패션

02. 매일 어떤 옷을 입을까 고민하게 돼

中野(なかの)　会社勤(かいしゃづと)めしてるとさ、毎日(まいにち)どんな服(ふく)着(き)て行(い)ったらいいかで、悩(なや)むんだよね。でも、男性(だんせい)はスーツを着(き)ればいいから、そんなに悩(なや)まなくてすむでしょ？うらやましいな。

島田(しまだ)　まあ、平日(へいじつ)はスーツでいいとはいえ、プライベートで出(で)かける時(とき)は、さすがに悩(なや)みますよ。

中野(なかの)　へえ。島田君(しまだくん)も悩(なや)んだりするんだ。

島田(しまだ)　そりゃ、そうですよ。いつもスーツ姿(すがた)だからこそ、私服(しふく)がダサいと、がっかりされたりするんですよ。だから、たまに男性向(だんせいむ)けのファッション誌(し)なんかもチェックするようにしてます。

中野(なかの)　ふうん。そうなんだ。

나카노 회사를 다니면 매일 어떤 옷을 입고 갈까 고민하게 돼. 하지만 남자들은 양복을 입으면 되니까 그렇게 고민하지 않아도 되잖아? 부럽다.

시마다 뭐, 평일에는 양복을 입으면 되지만, 개인적으로 외출할 때는 역시 고민을 해요.

나카노 어머, 시마다 군도 고민하는구나.

시마다 그야 그렇죠. 항상 양복을 입으니까 오히려 사복이 촌스러우면 주변에서 실망하는 경우가 있거든요. 그래서 가끔 남성 패션잡지 같은 것도 체크하고 있어요.

나카노 아. 그렇구나.

어휘

悩む	(동)고민하다
スーツ(suit)	(명)슈트, 양복
平日	(명)평일
プライベート(private)	(な형)프라이빗, 개인적, 사적
さすが	(부)역시
姿	(명)모습, 옷차림
私服	(명)사복
ダサい	(い형)촌스럽다
がっかり	(부)실망하다

주요문형

1 ～なくてすむ／～ないですむ／～ずにすむ -하지 않아도 된다

男性(だんせい)はスーツを着(き)ればいいから、そんなに悩(なや)まなくてすむでしょ？

남자들은 양복을 입으면 되니까 그렇게 고민하지 않아도 되잖아?

동(ない형)＋なくてすむ
동(ない형)＋ないですむ
동(ない형)＋ずにすむ

- '~하지 않아도 된다'라는 의미이다.
- 바람직하지 않은 사태를 벗어날 수 있게 되었다는 것을 나타낸다.
- '～なくてすむ' '～ないですむ'보다 '～ずにすむ'가 약간 딱딱한 표현이다.

예문

❶ A：えっ、入院(にゅういん)しないといけないの？
B：いや、入院(にゅういん)はしなくてすむみたい。
A：뭐? 입원하지 않으면 안 되는 거야?
B：아니, 입원은 안 해도 될 것 같아.

❷ A：どっちの電車(でんしゃ)に乗(の)ったらいいかな。
B：こっちの電車(でんしゃ)で行(い)けば、乗(の)り換(か)えないですむよ。
A：어느 쪽 전철을 타면 될까?
B：이쪽 전철을 타면 환승하지 않아도 돼.

❸ A：結局、電子レンジは買ったの?

B：友達がくれることになったから、買わずにすんだんだ。

A：결국 전자레인지는 샀어?

B：친구가 주기로 해서 살 필요가 없어졌어.

2 ～とはいえ -라고는 하지만

平日はスーツでいいとはいえ、プライベートで出かける時は、さすがに悩みますよ。

평일에는 양복을 입으면 되지만, 개인적으로 외출할 때는 역시 고민을 해요.

동(보통형)/い형(보통형)/な형(보통형)/명(보통형)/명 + とはいえ

- 'A とはいえ B'는 'A라는 것은 알고 있지만 내 생각은 B이다'라는 의미이다.
- 선행절 내용을 인정하면서도 후행절 내용이 선행절 내용과 상반된다는 것을 나타낸다.

예문

❶ A：家賃も安いし、ここに決めちゃえば?

B：いや、家賃は安いとはいえ、駅から遠すぎるよ。

A：집세도 싸고 여기로 결정하면 어때?

B：그게, 집세가 싸기는 하지만 역에서 너무 멀어.

❷ A：三浦さん、体調、どうだって?

B：回復しているとはいえ、まだ安静にしていないとだめみたい。

A：미우라 씨, 몸 상태 어떻대?

B：회복되었다고는 하는데 아직 안정을 취해야 할 것 같아.

❸ A：田村(たむら)さん、今週(こんしゅう)ずっと家(いえ)に帰(かえ)れてないみたい。

B：いくら仕事(しごと)とはいえ、このままだと倒(たお)れちゃうんじゃない。

A : 타무라 씨, 이번주에 계속 집에 못 가고 있는 것 같아.

B : 아무리 일이라고는 하지만 이대로 가면 쓰러지는 것 아닐까.

3 ～からこそ　-기에/-니까

いつもスーツ姿(すがた)だからこそ、私服(しふく)がダサいと、がっかりされたりするんですよ。

항상 양복을 입으니까 오히려 사복이 촌스러우면 주변에서 실망하는 경우가 있거든요.

동(보통형)/い형(보통형)/な형(보통형)/명(보통형)＋からこそ

- 'AからこそB'는 'B가 성립하는 것은 A라는 사실이 있기 때문이다'라는 의미이다.
- A가 이유라고 강조할 때 사용한다.

예문

❶ A：論文(ろんぶん)を書(か)いてる時(とき)は、ほんと大変(たいへん)そうだったよね。

B：いや、でもね、あの時(とき)がんばったからこそ、今(いま)の自分(じぶん)があるんだと思(おも)う。

A : 논문을 쓰고 있을 때는 정말 힘들어 보였어.

B : 아니, 그래도 그때 열심히 했기에 지금의 내가 있다고 생각해.

❷ A：なんだか、僕(ぼく)、先輩(せんぱい)に嫌(きら)われてるみたいで…。

B：そうかな？かわいがってるからこそ、厳(きび)しいのかもしれないよ。

A : 어쩐지 내가 선배에게 미움을 받고 있는 것 같은데….

B : 그런가? 귀여워하니까 더 엄격한 걸지도 몰라.

③ A：友達が僕の人生を否定するようなこと言うから、ついかっとなっちゃって。

B：そうだったんだ。でも友達であるからこそ、そういう厳しい意見を言うのかもしれないよ。

A：친구가 내 인생을 부정하는 듯한 말을 하니까 그만 화가 나서.

B：그랬구나. 하지만 친구니까 더 신랄한 의견을 말하는 걸지도 몰라.

4 ～むけの／～むけに -대상의/-대상으로

たまに男性向けのファッション誌なんかもチェックするようにしてます。

가끔 남성 패션잡지 같은 것도 체크하고 있어요.

명＋むけの
명＋むけに

- '～むけの'는 '~을 대상으로 한'이라는 의미이다.
- '～むけに'는 '~을 대상으로 해서'라는 의미이다.

예 この教材は、小学生向けに作られた。
이 교재는 초등학생을 대상으로 제작되었다.

- 특정 대상에 맞게 만들어졌다는 것을 나타낸다.
- 비슷한 표현인 'むき'는 의도하여 특정 대상에 맞게 만들어진 경우가 아니라 우연찮게 맞는 경우에 사용한다.

예 この本は難しいので初心者向きとは言いがたい。
이 책은 어렵기 때문에 초보자가 읽기에는 적합하지 않다.

예문

❶ A：どこの店(みせ)に入(はい)っても、学生(がくせい)ばっかりですね。

B：ええ。ここらへんは、学生(がくせい)向(む)けの店(みせ)が多(おお)いんですよ。

A : 어느 가게에 들어가도 대학생들뿐이네요.

B : 네. 이 근처는 대학생을 대상으로 하는 가게가 많아요.

❷ A：この番組(ばんぐみ)、面白(おもしろ)いの？

B：うん。子(こ)ども向(む)けの番組(ばんぐみ)なんだけど、すごく面白(おもしろ)いんだ。

A : 이 프로그램, 재미있어?

B : 응. 아이들 대상의 프로인데도 굉장히 재미있어.

❸ A：母(はは)が一人(ひとり)で暮(く)らすためのマンションを探(さが)してるんだ。

B：そうなんだ。じゃあ、シニア向(む)けのマンションを探(さが)してみたら？

A : 어머니가 혼자 사실 아파트를 찾고 있어.

B : 그렇구나. 그럼 노년층을 대상으로 하는 아파트를 찾아보면 어때?

연습문제

❶ 家族(かぞく)が応援(おうえん)してくれた(　　　　　　　　)、ここまでやってこれたのだと思(おも)う。

❷ 東京都(とうきょうと)では、外国人(がいこくじん)(　　　　　)パンフレットを作成(さくせい)している。

❸ 言(い)わ(　　　　　　　　)なら、こんなことは言(い)いたくはない。

❹ 知(し)らなかった(　　　　　　　　)、申(もう)し訳(わけ)ありませんでした。

정답

❶ からこそ(가족이 응원해 주었기에 여기까지 올 수 있었다고 생각한다.)

❷ 向(む)けに(도쿄도에서는 외국인을 대상으로 하는 팸플릿을 만들고 있다.)

❸ ないですむ(내가 굳이 말하지 않아도 된다면 이런 말은 하고 싶지 않다.)

❹ とはいえ(몰랐다고는 하지만 죄송합니다.)

Lesson 5 패션

03. 이런 가방은 쓰면 쓸수록 멋이 나

井上(いのうえ)　このカバン、いいと思(おも)わない？

青木(あおき)　おっ、いいじゃん。こういう革(かわ)のカバンはさ、使(つか)えば使(つか)うほど味(あじ)が出(で)るから、おすすめだよ。

井上(いのうえ)　そう？じゃあ買(か)っちゃおうかな。

青木(あおき)　あっ、でもちょっと待(ま)って。これと似(に)たようなカバン、持(も)ってなかったっけ？ほら、旅行(りょこう)に行(い)く前(まえ)に買(か)ったやつ。

井上(いのうえ)　ああ、あのカバン！買(か)ったことすら忘(わす)れてたよ。確(たし)かにデザインが似(に)てるね。

青木(あおき)　あのカバンと違(ちが)う色(いろ)にしたら？赤(あか)なんか、いいと思(おも)うけど。

井上(いのうえ)　えっ、赤(あか)？ちょっと派手(はで)じゃない？

青木(あおき)　いや、そんなことないよ。赤(あか)はいろんな色(いろ)に合(あ)わせやすいって言(い)うし、井上(いのうえ)さんにも似合(にあ)うと思(おも)うよ。

井上(いのうえ)　そう？

이노우에 이 가방, 괜찮지 않아?

아오키 오, 괜찮은데. 이런 가죽 가방은 쓰면 쓸수록 깊은 멋이 나니까 추천 아이템이야.

이노우에 그래? 그럼 살까.

아오키 어, 잠깐만. 이거랑 비슷한 가방 갖고 있지 않았어? 그거 있잖아, 여행 가기 전에 샀던 거.

이노우에 아, 그 가방! 샀다는 것조차 잊고 있었네. 그러고 보니 디자인은 비슷하네.

아오키 그 가방이랑 다른 색으로 하면 어때? 빨간색 같은 거 괜찮을 듯 한데.

이노우에 빨강? 너무 좀 화려하지 않아?

아오키 아니, 그렇지도 않아. 빨강은 여러 색이랑 맞추기도 편하다고 하고, 이노우에 씨랑도 잘 어울릴 거야.

이노우에 그래?

어휘

革(かわ)	(명)가죽, 피혁
味(あじ)が出(で)る	멋이 나다, 맛이 나다
おすすめ	(명/スル)추천 상품 다른 사람에게 권하는 좋은 상품. 특히 고객에게 상품을 추천할 때 사용한다.
似(に)る	(동)닮다, 비슷하다
ほら	(감)자, 말이야, 이봐 상대의 주의를 끌려고 할 때 내는 소리.
派手(はで)	(명/な형)화려함, 화사함
似合(にあ)う	(동)어울리다, 잘 맞다

주요문형

1 (～ば) ～ほど (-하면) -할수록

こういう革のカバンは、使えば使うほど味が出る。

이런 가죽 가방은 쓰면 쓸수록 깊은 멋이 난다.

> 동(조건형)、동(기본형)＋ほど
> い형어간ければ、い형(기본형)＋ほど
> な형어간なら、な형어간な＋ほど
>
> - ‘AばAほど、B’는 ‘A를 하면 할수록 B이다’라는 의미이다.
> - 조건을 나타내는 ‘～ば’ 부분은 생략하는 경우도 많다.

예문

❶ A：で、その仕事やるかどうか決めたの？

B：それが、考えれば考えるほど、どうしたらいいか分からなくなっちゃって…。

A : 그래서 그 일 할지 말지 결정했어?

B : 그게 생각하면 할수록 어떻게 하면 좋을지 모르겠어….

❷ A：お礼のメールって、いつ送ったらいいかな？

B：早ければ早いほどいいんじゃない？

A : 감사 메일은 언제 보내는 것이 좋을까?

B : 빠르면 빠를수록 좋지 않아?

❸ A：魚(さかな)って、熟成(じゅくせい)させるとおいしくなるの？

B：うん。だから新鮮(しんせん)なら新鮮(しんせん)なほどいいというわけじゃないんだって。

A : 생선은 숙성시키면 맛있어질까?

B : 응. 그래서 신선하면 신선할수록 좋은 건 아니라고 하네.

2 ～すら　-도/-조차

買(か)ったことすら忘(わす)れてたよ。

샀다는 것조차 잊고 있었네.

명(+조사)+すら

- '～も(~도)'라는 의미이다.
- 일반적으로 예상하기 어려운 극단적인 경우까지 포함한다는 것을 나타낸다.
- 비슷한 표현으로는 '～さえ'가 있다.
- '～すら'보다 '～さえ'를 더 많이 사용한다.

예문

❶ A：えっ、ずっと家(いえ)で寝(ね)てたの？

B：うん。腰(こし)が痛(いた)くて、起(お)き上(あ)がることすら、できなかったんだ。

A : 어, 계속 집에서 자고 있었어?

B : 응. 허리가 아파서 일어나는 것조차 못했거든.

❷ A：ねえ、この問題(もんだい)分(わ)かる？

B：うん。こんな問題(もんだい)、中学生(ちゅうがくせい)ですら、解(と)けるよ。

A : 저기, 이 문제 풀 수 있어?

B : 응. 이런 문제는 중학생도 풀 수 있어.

❸ A：じゃあ、素人には分からないってこと？

B：うん。専門家ですら、判断が難しいっていうからね。

A : 그럼 아마추어는 알 수 없다는 거야?

B : 응. 전문가조차 판단이 어렵다고 하니까.

3 ～って(인용) -라고

赤はいろんな色に合わせやすいって言うよ。

빨강은 여러 색이랑 맞추기도 편하다고 해.

문장/명+って

- '～と(~라고)'라는 의미이다.
- 문장이나 명사에 붙어서 인용을 나타낸다.
- '言う(말하다)'와 같은 동사 부분은 생략할 수 있다.

  예 お母さんが「着いたら電話ちょうだい」って。

  엄마가 도착하면 전화 하라고 했어.

- 회화에서 많이 사용한다.

예문

❶ A：鈴木さんも、知ってるの？

B：ううん。鈴木さんは知らないって言ってた。

A : 스즈키 씨도 알고 있어?

B : 아니. 스즈키 씨는 모른다고 했어.

❷ A：ここでタバコ吸ってもいいのかな？

B：だめじゃないかな。あそこに、禁煙って書いてあるもん。

A : 여기에서 담배 피워도 될까?

B : 안 될 것 같은데. 저기에 금연이라고 써 있으니까.

❸ A：あの二人(ふたり)、いつ結婚(けっこん)するのかな？

B：えっ、あの二人(ふたり)、別(わか)れたって聞(き)いたけど。

A : 저 두 사람 언제 결혼할까?

B : 뭐? 두 사람 헤어졌다고 들었는데.

연습문제

❶ まだこのこと、親(おや)に(　　　　)、話(はな)してないんだよね。

❷ 物(もの)が増(ふ)えれば増(ふ)える(　　　　)、部屋(へや)はどんどん狭(せま)くなる。

❸ 友達(ともだち)が、このお菓子(かし)、とてもおいしい(　　　　)言(い)ってたんだ。

정답

❶ すら(아직 이 일, 부모님에게조차 말하지 않았어.)

❷ ほど(물건이 늘어나면 늘어날수록 방은 점점 좁아진다.)

❸ って(친구가 이 과자 정말 맛있다고 했어.)

Quiz

❶ 服を着ると実際よりもやせて見えることを何というでしょうか。

옷을 입으면 실제보다 마르게 보이는 것을 뭐라고 할까요?

❷ 右前と左前のうち、着物の着方として正しい方はどちらですか。

(상대편에서 보아) 오른쪽 옷섶이 왼쪽 옷섶 위로 가게 입는 것과 (상대편에서 보아) 왼쪽 섶을 겉으로 여며 옷을 입는 것 중에서 기모노를 바르게 입는 방식은 어떤 것일까요?

❸ 「履く」という言葉は、何に使えるでしょうか。

「履く」라는 단어는 어디에 사용할까요?

❹ 衣服を何枚も着ることを何というでしょうか。

옷을 여러 겹 겹쳐서 입는 것을 뭐라고 할까요?

❺ 寒い時でも服を着込まないことを何というでしょうか。

추울 때에도 옷을 껴입지 않는 것을 뭐라고 할까요?

정답

❶ 「着やせ」라고 합니다. 반대말은 「着ぶとり」「着ぶくれ」라고 합니다.

❷ 양복의 경우는 남성이 「右前」, 여성이 「左前」이지만 기모노는 남녀 모두 「右前」로 입습니다. 「左前」로 입는 것은 죽은 사람에게 수의를 입히는 방식이므로 불길하다고 여겨집니다.

❸ 한국어와 약간 달라서 구두, 양말, 스키 등 발에 신는 것이나 바지나 치마처럼 발에 꿰어서 하반신에 입는 것에 사용합니다.

❹ 「重ね着」라고 합니다.

❺ 「薄着(옷을 얇게 입음)」라고 합니다. 반대말은 「厚着(옷을 많이 껴입음)」라고 합니다.

Lesson 6 연애

01. 시험삼아 일단 만나보면 어때?

島田　どうしたの？深刻な顔しちゃって…。

青木　実は、例の彼と付き合おうかどうか、悩んでるんです。

島田　えっ、一度試しに付き合ってみれば？付き合ってみないことには、どんな人か、よく分からないんだし。

青木　でも…。

島田　何か問題でもあるの？

青木　その人、外見からして、遊び人って感じの人なんですよ。だから不安なんです。

島田　でもさ、そんなこと、付き合う前から悩んでもしょうがないんじゃない？

青木　それはそうなんですが…。

島田　恋愛っていうのは、時には勢いも大切だと思うよ。

시마다	무슨 일 있어? 심각한 얼굴이네….
아오키	실은 전에 말한 그 사람과 사귈지 말지 고민 중이에요.
시마다	아, 시험삼아 일단 만나보면 어때? 만나보지 않으면 어떤 사람인지 잘 알 수 없으니까.
아오키	하지만….
시마다	무슨 문제라도 있는 거야?
아오키	그 사람은 외모부터가 바람둥이처럼 보여요. 그래서 불안해요.
시마다	하지만 그런 건 사귀기 전부터 고민해도 소용없잖아?
아오키	그렇긴 하지만요….
시마다	연애라는 건 때로는 확 저질러버리는 것도 중요하다고 생각해.

어휘

深刻(しんこく)	(な형)심각함
例(れい)の	(연체)예의, 그
付(つ)き合(あ)う	(동)사귀다, 교제하다
試(ため)し	(명)시험, 시도
外見(がいけん)	(명)외관, 겉보기
遊(あそ)び人(にん)	(명)바람둥이, 날라리
時(とき)には	때로는, 가끔
勢(いきお)い	(명)기세, 기운, 여세
大切(たいせつ)	(な형)중요함, 소중함

주요문형

1 ～ないことには～ない　-하지 않으면 -할 수 없다

付き合ってみないことには、どんな人か、よく分からないんだし。

만나보지 않으면 어떤 사람인지 잘 알 수 없으니까.

동(ない형)ない＋ことには、동(ない형)ない

- ‘Aないことには B ない’는 ‘A가 이루어지지 않으면 B가 이루어질 수 없다’라는 의미이다.
- A에는 ‘～てみる’의 형태로 사용하는 경우가 많다.

예문

❶ A：僕たちだけで、できるよね？

B：うーん。実際にやってみないことには分からないよ。

A：우리끼리 할 수 있겠지?

B：음. 실제로 해보지 않으면 모르겠어.

❷ A：スケジュールがまだ決まってないんだよね。

B：困ったな。スケジュールが決まらないことには、何もできないんだけど。

A：스케줄 아직 정해지지 않았어.

B：곤란하네. 스케줄이 정해지지 않으면 아무것도 할 수 없는데.

③ A：どっちにする？

B：実際(じっさい)に見(み)てみないことには、判断(はんだん)できないな。

A : 어느 쪽으로 할래?

B : 실제로 보지 않고는 판단할 수가 없어.

2 ～からして -부터가

その人(ひと)、外見(がいけん)からして、遊(あそ)び人(にん)って感(かん)じの人(ひと)なんですよ。

그 사람은 외모부터가 바람둥이처럼 보여요.

명+からして

- 판단하기 위한 근거를 제시하거나 어떤 예를 들 때 사용한다.
- ① 'Aからして'는 'A로부터 판단해서'라는 의미이다.
- ① A에서 판단 근거를 제시한다.

예 彼女(かのじょ)の態度(たいど)からして、かなり怒(おこ)っているようだった。
그녀의 태도를 보면 굉장히 화난 것 같았다.

- ② 'Aからして'는 'A가 그렇기 때문에 그 외의 것도 아마 그럴 것이다'라는 의미이다.
- ② A에서 어떤 일이나 상태의 기본이 되는 것을 언급한다.

예 彼(かれ)の英語(えいご)は発音(はつおん)からして全然(ぜんぜん)違(ちが)う。
그의 영어는 발음부터가 전혀 다르다.

예문

❶ A：うわー。すごいゴージャスなお部屋(へや)だね。

B：うん。高級(こうきゅう)ホテルとなると、インテリアからして違(ちが)うね。

A : 와. 굉장히 호화로운 방이네.

B : 응. 고급호텔이니까 인테리어부터가 다르네.

❷ A：えっ、これって恋愛映画(れんあいえいが)だったの？

B：うん。タイトルからして、恋愛映画(れんあいえいが)じゃん。

A : 어, 이거 로맨스 영화였어?

B : 응. 제목부터 로맨스 영화잖아.

❸ A：井上(いのうえ)さんって、いいところのお嬢(じょう)さんらしいよ。

B：うん。持(も)ってる物(もの)からして、違(ちが)うもんね。

A : 이노우에 씨는 부잣집 딸인 것 같아.

B : 응. 갖고 있는 것부터가 다르잖아.

3 ～てもしょうがない –해도 소용없다

そんなこと、付(つ)き合(あ)う前(まえ)から悩(なや)んでもしょうがないんじゃない？

그런 건 사귀기 전부터 고민해도 소용없잖아?

동(て형)/い형어간くて/な형어간で + もしょうがない

- '~해도 소용없다'라는 의미이다.
- 만족스럽지는 않지만 상황을 받아들일 수밖에 없을 때 사용한다.
- '～てもしかたがない'의 격의 없는 표현이다.
- 회화에서는 '～ても'를 '～たって'라고 하는 경우가 많다.

예문

❶ A：ねえ、なんか僕(ぼく)だけ仕事(しごと)が多(おお)くない？

B：もう決(き)まったことだから、今(いま)さら文句(もんく)を言(い)ってもしょうがないんじゃない？

A：저기, 왠지 나만 일이 많지 않아?

B：이미 정해진 거니까 이제 와서 불평해도 소용없을걸.

❷ A：あの時(とき)、別(わか)れなければ良(よ)かった。

B：今(いま)さら、悔(く)やんでもしょうがないよ。

A：그때 헤어지지 않았으면 좋았을걸.

B：이제 와서 후회해도 소용없어.

❸ A：老後(ろうご)のことが、不安(ふあん)でたまらなくって。

B：そんなこと、今(いま)から考(かんが)えたってしょうがないよ。

A：노후를 생각하면 너무 불안해.

B：그런 거 지금부터 생각해도 어쩔 도리가 없어.

4 ～っていうのは(～というのは) -라는 것은

恋愛(れんあい)っていうのは、時(とき)には勢(いきお)いも大切(たいせつ)だと思(おも)うよ。

연애라는 건 때로는 확 저질러버리는 것도 중요하다고 생각해.

명+っていうのは(というのは)

문장/어구+っていうのは(というのは)

- 어떤 말의 의미나 본질에 대해 말하거나 화제로 언급할 때 사용한다.

예문

❶ A：インスタ映えってどういう意味？

B：インスタ映えっていうのは、インスタグラムに上げると、見栄えがいいってことだよ。

A : '인스타바에'라는 건 무슨 뜻이야?

B : 인스타바에는 인스타그램에 올리면 돋보인다는 의미야.

❷ A：まさか韓国でこんなに長く暮らすとは思わなかったよ。

B：人生っていうのは、どうなるか分からないもんだよね。

A : 설마 한국에서 이렇게 오래 살 줄은 생각하지 못했어.

B : 인생이란 건 어떻게 될지 모르는 거니까.

❸ A：今日もあまり売れなかったよ。

B：お金をかせぐっていうのは、大変だよね。

A : 오늘도 별로 안 팔렸어.

B : 돈을 번다는 건 힘든 일이네.

연습문제

❶ 信頼(しんらい)できる人(ひと)かどうかは、一度(いちど)会(あ)ってみ(　　　　　　)分(わ)からない。

❷ 約束(やくそく)をやぶったのだから、怒(おこ)られ(　　　　　　)。

❸ ワンオペ育児(いくじ)(　　　　　　)、どういう意味(いみ)ですか?

❹ この店(みせ)は、雰囲気(ふんいき)(　　　　　　)、ちょっと値段(ねだん)が高(たか)そうだ。

정답

❶ ないことには(신뢰할 수 있는 사람인지 아닌지는 일단 만나보지 않으면 알 수 없다.)

❷ てもしょうがない(약속을 어겼으니 상대가 화를 낸다고 해도 어쩔 수 없다.)

❸ っていうのは(독박육아라는 것은 무슨 뜻입니까?)

❹ からして(이 가게는 분위기부터가 좀 비쌀 것 같다.)

Lesson 6 연애

02. 사랑은 맹목적인 거라고 하잖아

青木　さっきのカップル見ました？彼女の甘えっぷり、ちょっとひどくなかったですか。よくあんなに甘えられるもんですよね。

中野　まあ、彼氏にとってはさ、そういうところが魅力的なのかもしれないよ。

青木　うーん。そうなんですかね。

中野　それに、恋は盲目っていうしさ。

青木　うーん。私の場合は、盲目になるどころか、あら探しばかりしちゃうんですよね。

中野　えっ、そうなの？それだと、恋愛、うまく行かないんじゃない？

아오키	아까 그 커플 봤어요? 여자친구가 애교를 부리는 모습이 좀 심하지 않았어요? 어떻게 그렇게까지 할 수 있는지 모르겠어요.
나카노	뭐, 남자친구에게는 그런 점이 매력적인 걸지도 모르지.
아오키	음. 그럴까요.
나카노	게다가 사랑은 맹목적인 거라고 하잖아.
아오키	음. 내 경우는 맹목적이기는커녕, 결점찾기 바쁜데 말이에요.
나카노	어, 그래? 그러면 연애하기 어렵겠네.

어휘

カップル(couple)	(명)커플, 한 쌍
甘(あま)える	(동)응석부리다, 어리광부리다
よく	(부)잘도, 뻔뻔스럽게
彼氏(かれし)	(명)남자친구
魅力的(みりょくてき)	(な형)매력적
恋(こい)は盲目(もうもく)	사랑은 맹목적인 것
あら探(さが)し	(명)흠잡기, 트집잡기
恋愛(れんあい)	(명/スル)연애

주요문형

1 ～っぷり(～ぶり) -하는 모습/모양

彼女(かのじょ)の甘(あま)えっぷり、ちょっとひどくなかったですか。

여자친구가 애교를 부리는 모습이 좀 심하지 않았어요?

동(ます형)/명＋っぷり(ぶり)

- '~하는 모양'이라는 의미이다.
- 동사의 ます형＋ぶり

あわてぶり	당황하는 모습
言(い)いぶり	말투
変(か)わりぶり	변한 모습
頑張(がんば)りぶり	노력하는 모습
暮(く)らしぶり	사는 모습
戦(たたか)いぶり	싸우는 모습
話(はな)しぶり	이야기하는 품

- 동사의 ます형＋っぷり

歌(うた)いっぷり	노래 솜씨
勝(か)ちっぷり	승리한 모습
食(く)いっぷり	먹는 모습
食(た)べっぷり	먹는 모습
飲(の)みっぷり	술 마시는 품
走(はし)りっぷり	달리는 모습
負(ま)けっぷり	패배한 모습

- 명사＋ぶり(っぷり)

活躍(かつやく)ぶり	활약상
口(くち)ぶり	말투

仕事ぶり	일하는 모습/업무 능력
天才ぶり	천재성
身ぶり手ぶり	몸짓 손짓

예문

❶ A：へえ、昔の人はこんな風に暮らしていたんだね。

B：うん、当時の暮らしぶりがうかがえるよね。

A : 아, 옛날 사람들은 이런 식으로 살았구나.

B : 응. 당시의 생활상을 엿볼 수 있어.

❷ A：ワイン、もう一本頼もうか。

B：今日はずいぶん飲みっぷりがいいね。

A : 와인 한 병 더 주문할까?

B : 오늘은 꽤 잘 마시네.

❸ A：謝ればいいんでしょ、謝れば。

B：全然悪いと思っていないような口ぶりだね。

A : 사과하면 되잖아, 사과하면.

B : 전혀 미안한 것 같지 않은 말투네.

2 よく(も)～ものだ　잘(도) -하다

よくあんなに甘えられるもんですよね。

어떻게 그렇게까지 애교를 부릴 수 있는지 모르겠어요.

よく(も) + 동(보통형) + ものだ

- '정말 ~이다'라는 의미이다.
- 사람에 대한 놀라움이나 감탄의 마음을 표현한다.
- 감탄했을 때는 'よく'를 사용하고 어이가 없을 때는 'よく(も)'를 사용한다.
- 회화에서는 '～ものだ'를 '～もんだ'라고 하는 경우가 많다.

예문

① A：この人、背は小さいけど、重量挙げの選手なんだよ。
B：へえ。よくあんな重いのが持てるもんだね。
A : 이 사람, 키는 작지만 역도선수야.
B : 와, 어떻게 저런 무거운 걸 들 수 있지?

② A：鈴木さん、試験パスしたみたいだよ。
B：勉強していなかったのに、よく合格したもんだ。
A : 스즈키 씨, 시험 패스한 것 같아.
B : 공부도 안 했는데 잘도 합격했네.

③ A：先輩に、この仕事は、全部まかせるって言われたんだ。
B：自分の仕事なのに、よくもまあ、そんな無責任なことが言えたもんだ。
A : 선배가 이 일을 나한테 전부 맡기겠다고 했어.
B : 자기 일인데 그런 무책임한 말을 잘도 하네.

3 ～にとっては／～にとっても　-에게는/-에게도

彼氏にとってはさ、そういうところが魅力的なのかもしれないよ。

남자친구에게는 그런 점이 매력적인 걸지도 모르지.

명+にとっては／にとっても

- '~의 입장·시각으로 보면'이라는 의미이다.
- 후행절에는 가치판단이나 평가가 온다.
- 격식을 차린 문장에서는 '～にとりまして'라는 표현을 사용한다.

예 皆様にとりまして、幸多き一年となりますよう心よりお祈り申し上げます。

여러분에게 행복이 가득한 한 해가 되기를 진심으로 기원합니다.

예문

❶ A：金子さんにとって、旅とは何ですか。

B：私にとって、旅というのは人生に欠かせないものです。

A：가네코 씨에게 여행이란 뭘까요?

B：저에게 여행이란 인생에서 빼놓을 수 없는 것입니다.

❷ A：原田さんにとって、友達とはどのような存在ですか。

B：私にとって、友達というのは、かけがえのない存在です。

A：하라다 씨에게 친구란 어떤 존재입니까?

B：저에게 친구란 더할 나위 없이 소중한 존재입니다.

❸ A：山下(やました)さんにとって、出会(であ)いとはどのようなものですか。

B：私(わたし)にとって、出会(であ)いというのは自分(じぶん)を成長(せいちょう)させてくれるものです。

A：야마시타 씨에게 만남이란 어떤 것입니까?

B：저에게 만남이란 나를 성장시켜 주는 것입니다.

4 ～どころか　-는커녕

私(わたし)の場合(ばあい)は、盲目(もうもく)になるどころか、あら探(さが)しばかりしちゃうんですよね。

내 경우는 맹목적이기는커녕, 결점찾기 바쁜데 말이에요.

동(보통형)/い형(보통형)/な형어간/な형(보통형)/명/
명(보통형)＋どころか

- ‘그것은 말할 것도 없거니와 도리어 ~이다’라는 의미이다.
- 예상·기대했던 것과 사실이 정반대일 때 사용하며 그 차이를 강조한다.

예문

❶ A：ダイエット、うまくいってる？

B：それが、やせるどころか、太(ふと)っちゃったんだ。

A：다이어트 잘 되고 있어?

B：그게 빠지기는커녕 살이 쪘어.

❷ A：体調(たいちょう)、良(よ)くなった？

B：それが、良(よ)くなるどころか、悪(わる)くなってて。

A：컨디션 괜찮아졌어?

B：좋아지기는커녕 나빠졌어.

❸ A : 金(きん)メダル取(と)れたって？

B : それが、金(きん)メダルどころか、予選(よせん)で負(ま)けちゃったんだ。

A : 금메달 땄대?

B : 금메달은커녕 예선에서 탈락했어.

연습문제

❶ よくも、そんな冗談が言えた(　　　　　　)。

❷ あなた(　　　　　　)、人生で一番大切なものは何ですか。

❸ 大学に入ったら、勉強する(　　　　　　)遊んでばかりいる。

❹ あまりの変わり(　　　　　　)に、みんなびっくりしていた。

정답

❶ もんだ(그런 농담을 잘도 하네.)

❷ にとって(당신에게 있어서 인생에서 가장 소중한 것은 무엇입니까?)

❸ どころか(대학에 들어가더니 공부는커녕 놀기만 하고 있다.)

❹ ぶり(너무나 변한 모습에 다들 놀랐다.)

Lesson 6 연애

03. 데이트 신청이라도 해보면 어때?

井上(いのうえ)　えっ、好(す)きな人(ひと)ができたの？

青木(あおき)　うん。そうなんだけど…。

井上(いのうえ)　じゃあ、デートにでも誘(さそ)ってみたら？

青木(あおき)　いや、仲(なか)が良(よ)くもないのに、突然(とつぜん)誘(さそ)ったら、断(ことわ)られるに決(き)まってるよ。井上(いのうえ)さんだって、親(した)しくもない段階(だんかい)で、デートに誘(さそ)ったりはしないでしょ？

井上(いのうえ)　まあね。

青木(あおき)　自分(じぶん)では誘(さそ)ったことないくせに、誘(さそ)えだなんて…。無責任(むせきにん)すぎるよ。

井上(いのうえ)　ごめん、ごめん。じゃあ、みんなで飲(の)み会(かい)でもしたら？飲(の)み会(かい)だったらそこまでハードル高(たか)くないんじゃない？

青木(あおき)　飲(の)み会(かい)か…。でもさ、飲(の)み会(かい)なんか企画(きかく)したら、私(わたし)が彼(かれ)のことが好(す)きだってことみんなにばれちゃうじゃん。

井上(いのうえ)　えっ、でもみんなに言(い)わないと協力(きょうりょく)してもらえないよ。

青木　みんなに知られるぐらいなら、デートに誘って断られるほうがまだましだよ。

井上　そうかな？

이노우에　어, 좋아하는 사람이 생겼어?

아오키　응. 그렇긴 한데….

이노우에　그럼 데이트 신청이라도 해보면 어때?

아오키　그게, 친한 관계도 아닌데 갑자기 데이트 하자면 거절당할 게 뻔해. 이노우에 씨도 친하지도 않은 단계에서 데이트 신청은 하지 않을 거 아니야.

이노우에　그건 그렇지.

아오키　자기도 해보지 않았으면서 해보라니…. 너무 무책임하잖아.

이노우에　미안, 미안해. 그럼 다같이 술이라도 마시는 건 어때? 모임 정도라면 그렇게까지 어렵진 않잖아?

아오키　술자리라…. 그런데 모임 같은 걸 계획하면 그 사람 좋아한다는 사실을 모두에게 들키게 되잖아.

이노우에　어, 그런데 모두에게 말하지 않으면 도움을 못 받을텐데?

아오키　다들 알게 될 정도라면 데이트 신청을 했다가 거절당하는 편이 낫겠어.

이노우에　그런가?

어휘

誘(さそ)う	(동)권하다, 권유하다
仲(なか)が良(よ)い	사이가 좋다
親(した)しい	(い형)친하다
段階(だんかい)	(명)단계
無責任(むせきにん)	(명/な형)무책임
飲(の)み会(かい)	(명)술모임
ハードル(hurdle)が高(たか)い	문제의 난이도가 높다, 어렵다, 난해하다
ばれる	(동)들키다, 탄로나다
まし	(명/な형)더 나음, 더 좋음

주요문형

1 ～にきまっている(～にきまってる) –할 것이 뻔하다

突然誘ったら、断られるに決まってるよ。

갑자기 데이트 하자면 거절당할 게 뻔해.

동(보통형)/い형(보통형)/な형어간(である)/な형어간だった/
명(である)/명だった+にきまっている(にきまってる)

- '틀림없이 ~이다'라는 의미이다.
- 분명할 때, 강조하고 싶을 때 사용한다.

예문

❶ A：今日は、勝てるといいね。

B：この前も負けたんだ。どうせ負けるに決まってるよ。

A : 오늘은 이기면 좋겠다.

B : 일전에도 졌잖아. 어차피 질 게 뻔해.

❷ A：今日中にレポートを十五枚書かないといけないんだ。

B：えっ、十五枚なんて、無理に決まってるよ。

A : 오늘중에 리포트를 15장 써야 해.

B : 뭐? 15장이라니 불가능해.

❸ A：ソウルって、東京より寒い？

B：そりゃ、東京より寒いに決まってるよ。

A : 서울은 도쿄보다 추워?

B : 그야 당연히 도쿄보다 춥지.

2 ～くせに　-이면서/-인 주제에

自分ではデートに誘ったことないくせに、誘えだなんて…。

자기도 해보지 않았으면서 데이트 신청하라니….

> 동(보통형)/い형(보통형)/な형어간な/な형어간ではない/
> な형어간だった/명の/명ではない/명だった＋くせに
>
> - ‘Ａのくせに’는 ‘A에 걸맞지 않게’ ‘A인 주제에’라는 의미이다.
> - 대상에 대해 부정적인 평가를 할 때 사용한다.

예문

❶ A：そんな彼氏、別れた方がいいんじゃない？

B：何も知らないくせに、そういうこと言わないでよ。

A : 그런 남자친구는 헤어지는 편이 낫지 않아?

B : 아무것도 모르면서 그런 말 하지 마.

❷ A：えっ、友達とケンカしたの？

B：うん。待たせたくせに、謝らないから。

A : 뭐, 친구와 싸웠어?

B : 응. 기다리게 해놓고 사과도 안 하잖아.

❸ A：村田さん、また彼氏と別れるって言ってたよ。

B：彼氏のこと、好きなくせに、素直じゃないんだから。

A : 무라타 씨가 남자친구와 또 헤어진다고 하더라.

B : 남자친구를 좋아하면서 튕기기는.

3 ～くらいなら(～ぐらいなら) –할 정도라면/–할 바에야

みんなに知られるぐらいなら、デートに誘って断られるほうがまだましだよ。

모두가 알게 될 정도라면 데이트 신청을 했다가 거절당하는 편이 낫겠어.

> 동(기본형)+くらいなら(ぐらいなら)
>
> - ‘Aくらいなら B’는 ‘A하는 것보다 오히려 B하는 편이 훨씬 낫다’라는 의미이다.
> - A를 부정하고 그 대신 B를 선택하겠다고 말할 때 사용한다.

예문

❶ A : えっ、食べないの？

B : 嫌いな野菜を食べるくらいなら、何も食べない方がまだましだよ。

A : 어, 안 먹어?

B : 싫어하는 채소를 먹을 정도라면 아무것도 안 먹는 편이 나아.

❷ A : やろうかどうかで悩んでるんだ。

B : やらないで後悔するくらいなら、やって後悔した方がいいんじゃない？

A : 할지 말지 고민하고 있어.

B : 안 하고 후회하는 것보다 하고 후회하는 편이 낫지 않아?

❸ A：えっ、そんなにお酒好きなの？

B：うん。お酒が飲めなくなるくらいなら、死んだ方がまし。

A : 뭐? 그렇게 술이 좋아?

B : 응. 술을 못 마시게 될 바에야 죽는 편이 나아.

연습문제

❶ 子どもの(　　　　　　)生意気なこと言うな。

❷ あいつに謝る(　　　　　　)、死んだ方がまだましだ。

❸ 有名なブランドのバッグだから、高い(　　　　　　)。

정답

❶ くせに(아이 주제에 건방진 말 하지 마라.)

❷ くらいなら (그 녀석에게 사과할 정도면 죽는 편이 낫다.)

❸ に決まっている(유명 브랜드의 가방이니 당연히 비쌀 것이다.)

Quiz

❶ 友人以上に仲は良いものの、恋人といえるほど親密な関係ではないことを何というでしょうか。

친구 이상으로 사이가 좋지만 애인이라고 할 정도로 친밀한 관계는 아니라는 것을 뭐라고 할까요?

❷ 恋をしたことによって、病気のようになることを何というでしょうか。

사랑하는 사람을 그리워한 나머지 생기는 병을 뭐라고 할까요?

❸ 生まれる前から、出会って結ばれることが運命となっていることを何というでしょうか。

태어나기 전부터 만나서 맺어질 것이 운명으로 정해졌다는 것을 뭐라고 할까요?

❹ 恋をしていると、どんな欠点でも長所に見えるということわざを何というでしょうか。

사랑을 하면 어떤 결점이라도 장점으로 보인다는 속담을 뭐라고 할까요?

❺ 昔、恋人であった女性のことを何というでしょうか。

과거에 애인이었던 여성을 뭐라고 할까요?

정답

❶ 「友達以上恋人未満(ともだちいじょうこいびとみまん)」이라고 합니다. 한국어로는 썸을 타는 상태와 가깝습니다.

❷ 「恋煩い(こいわずらい)／恋の病(こいのやまい)(상사병)」라고 합니다.

❸ 「赤い糸で結ばれる(あかいいとでむすばれる)(빨간 실로 연결되어 있다)」라고 합니다. 한국어의 천생연분과 비슷한 표현입니다.

❹ 한국에서는 '제 눈에 안경'이라고 하지만 일본에서는 「あばたもエクボ」라고 합니다. 이는 사랑하게 되면 마맛자국도 보조개처럼 보인다는 뜻입니다.

❺ 「元(もと)カノ（元彼女(もとかのじょ)）」라고 합니다. 반대로 남성의 경우는 「元(もと)カレ（元彼(もとかれ)）」라고 합니다.

Lesson 7 주거

01. 왜 집을 사려고 생각하셨어요?

島田　中野さんは、どうして家を買おうって思ったんですか？

中野　買おうが、借りようが、あまり値段が変わらないって思ったのが、きっかけかな。

島田　確かに。家賃ってばかにならないですもんね。

中野　うん。だって、毎月家賃を七万五千円払ったら、十年後には、九百万円になるわけでしょ。結局九百万円というお金を払わざるを得ないんだったら、借りるよりは、買った方がいいかなって思ったの。

島田　へえ。そうなんですか。

中野　それに、やっぱり自分の家っていうのは、愛着が全然違うよ。

시마다　나카노 씨는 왜 집을 사려고 생각하셨어요?

나카노　사든 빌리든 가격이 별로 차이나지 않는다고 생각한 게 계기가 됐어.

시마다　그러네요. 집세는 우습게 볼 게 아니에요.

나카노　응. 매달 집세를 7만 5천 엔 내면 10년 후에는 9백만 엔이 되는 거잖아. 결국 9백만 엔이라는 돈을 지불해야 한다면 빌리는 것보다 사는 편이 낫겠다고 생각했어.

시마다　아, 그렇군요.

나카노　게다가 아무래도 자기 집이면 애착이 더 가지.

어휘

きっかけ	(명)계기, 실마리
家賃(やちん)	(명)집세
ばかにならない	무시할 수 없다
だって	(접)하지만, 그런데
愛着(あいちゃく)	(명)애착
全然(ぜんぜん)	(부)전혀, 조금도

주요문형

1 ～(よ)うが、～(よ)うが　-하든 -하든

買おうが、借りようが、あまり値段が変わらない。

사든 빌리든 가격이 별로 차이나지 않는다.

동(의지형)/い형어간かろう/な형어간だろう/명だろう＋が、
동(의지형)/い형어간かろう/な형어간だろう/명だろう＋が

- '어떤 경우라도 관계없이'라는 의미이다.
- 'A(よ)うがB(よ)うが'에서 A와 B에는 반대의 의미를 가진 표현이나 비슷한 의미를 가진 표현이 들어간다.

예문

① A：えっ、今日も走るの？
B：うん。雨が降ろうが、雪が降ろうが、休まず走るよ。
A：어, 오늘도 달리는 거야?
B：응. 비가 내리든 눈이 내리든 쉬지 않고 달려야지.

② A：値段が高いから、買おうかどうかで迷ってるんだ。
B：安かろうが、高かろうが、必要だったら買うしかないよ。
A：가격이 비싸서 살지 말지 망설이고 있어.
B：싸든 비싸든 필요하면 살 수밖에 없지.

❸ A : 友達が趣味でバンドやってるんだけど、そのバンドを招待するっていうのは、どうかな？

B : プロだろうがアマチュアだろうが、パフォーマンスさえ良ければ、どのバンドでもいいよ。

A : 친구가 취미로 밴드를 하는데 그 밴드를 초대하는 건 어떨까?

B : 프로든 아마추어든 연주만 잘하면 어떤 밴드라도 괜찮아.

2 ～わけだ –라는 것이다

毎月家賃を七万五千円払ったら、十年後には、九百万円になるわけでしょ。

매달 집세를 7만 5천 엔 내면 10년 후에는 9백만 엔이 되는 거잖아.

동(보통형)/い형(보통형)/な형어간な/な형어간である/な형어간だった/명の/명である/명だった＋わけだ

- ① 첫째 의미는 '즉 ~라는 것이다'라는 의미이다.
- ① 근거나 이유에 대해서 설명한 후 결론을 내릴 때 사용한다.
- ② 두번째 의미는 '그렇다면 당연히 ~일 것이다'라는 의미이다.
- ② 이유를 알고 이해가 됐을 때 사용한다.
- ② 'だから(그래서)' 'どうりで(그래서/어쩐지)' 'それで(그래서)' 등과 같이 사용하는 경우가 많다.

예문

❶ A : 月単位で考えず、年単位で考えた方がいいよ。

B : 毎月二千円ということは、一年だと二万四千円になるわけか。

A : 월단위로 생각하지 말고 연단위로 생각하는 편이 좋아.

B : 매월 2천 엔을 낸다면 1년이면 2만 4천 엔이 되는 거구나.

❷ A：松本(まつもと)さんのお母(かあ)さん、韓国(かんこく)の人(ひと)なんだって。

B：ああ。それで、松本(まつもと)さん、韓国語(かんこくご)が上手(じょうず)なわけね。

A : 마츠모토 씨의 어머니, 한국사람이래.

B : 아. 그래서 마츠모토 씨가 한국어를 잘 하는구나.

❸ A：岡田(おかだ)さんの会社(かいしゃ)、ボーナスが出(で)たらしい。

B：ああ。どうりで、きげんが良(よ)いわけだ。

A : 오카다 씨의 회사는 보너스가 나온 것 같아.

B : 아. 그래서 기분이 좋은 거구나.

3 ～という（～っていう） -라는/-라고 하는

結局(けっきょく)九百万円(きゅうひゃくまんえん)という お金(かね)を払(はら)わざるを得(え)ない。

결국 9백만 엔이라는 돈을 지불해야 한다.

① 수를 나타내는 말 + という（っていう） + 명

② 명 + という（っていう） + 명

- ① 수를 강조하는 표현 '수를 나타내는 말 + もの + 명'과 같은 의미이다.
- ② 같은 명사를 반복하면 '모든 ~'라는 의미이다.
- ② 관용표현으로 今日(きょう)という今日(きょう)は＝今日(きょう)は絶対(ぜったい)に(오늘은 반드시)' '今度(こんど)という今度(こんど)は＝今度(こんど)は絶対(ぜったい)に(이번엔 반드시)' 등이 있다.

예문

❶ A：スカイツリーって、六百三十四(ろっぴゃくさんじゅうよん)メートルなんだ。

B：うん。今(いま)のところ、この六百三十四(ろっぴゃくさんじゅうよん)メートルという高(たか)さが、日本(にほん)で一番(いちばん)高(たか)いんだって。

A : 스카이트리는 634미터구나.

B : 응. 현재로 이 634미터라는 높이가 일본에서 가장 높다네.

❷ A：えっ、結局雑誌買えなかったの？

B：うん。本屋さんという本屋さんは全部行ったんだけど、どこも売り切れで…。

A：어, 결국 잡지 못 샀어?

B：응. 서점이란 서점은 전부 가봤는데 다 팔려서….

❸ A：佐野さんって、X Japanが好きだったの？

B：うん。昔は、壁っていう壁に、メンバーのポスターをはったりしてたよ。

A：사노 씨는 XJapan을 좋아했어?

B：응. 옛날에는 벽이란 벽에 멤버의 포스터를 붙여놓았었지.

4 ～ざるをえない -하지 않을 수 없다/-해야 한다

結局九百万円というお金を払わざるを得ない。

결국 9백만 엔이라는 돈을 지불해야 한다.

동(ない형)+ざるをえない

- 'する'의 경우에만 'せざる'가 된다.
- '~하는 것을 피할 수 없다' '~할 수밖에 없다'라는 의미이다.
- 다른 선택지가 없다는 것을 나타낸다.
- 문장이나 공적인 자리에서 사용하는 경우가 많다.

예문

❶ A：明日、絶対行かないとダメかな？

B：先生も来るみたいだし、行かざるを得ない感じだよね。

A：내일 꼭 가야할까?

B：선생님도 오시는 것 같고 안 가면 안 될 것 같아.

❷ A：明日は、雨が降るかもしれないそうですよ。

B：天気が悪かったら、明日の登山はあきらめざるを得ないね。

A : 내일은 비가 올지도 모른다고 하네요.

B : 날씨가 나쁘면 내일 등산은 포기할 수밖에 없어.

❸ A：えっ、野口さんちそんなに騒音がすごいの？

B：うん。このまま騒音が続くようだったら、引っ越さざるを得ないって言ってたよ。

A : 뭐, 노구치 씨 집 그렇게 소음이 심해?

B : 응. 이대로 소음이 계속된다면 이사할 수밖에 없을 것 같다고 했어.

연습문제

❶ A：山田さん、携帯電話が壊れたんだって。

B：あっ、どうりで電話がつながらない(　　　　　　)だ。

❷ 今日(　　　　　　)今日は絶対に許さないぞ。

❸ もうすぐ試験なので、勉強せ(　　　　　　)。

❹ 部屋が汚(　　　　　　)、きれい(　　　　　　)、あまり気にならない。

정답

❶ わけ(A:야마다 씨, 휴대폰 고장났다던데. B:아, 그래서 전화가 안 됐던 거구나.)

❷ という(오늘이야말로 절대로 용서하지 않겠어.)

❸ ざるを得ない(이제 곧 시험이기 때문에 공부를 해야 한다.)

❹ かろうが／だろうが(방이 지저분하든 깨끗하든 별로 신경쓰이지 않는다.)

Lesson 7 주거

02. 굉장히 살기 편한 집인가 보네

青木(あおき)　私(わたし)、最近(さいきん)引(ひ)っ越(こ)したんですけど、引(ひ)っ越(こ)してからというもの、すっかり出不精(でぶしょう)になっちゃいました。

島田(しまだ)　へえ。よっぽど居心地(いごこち)のいい部屋(へや)なんだね。

青木(あおき)　ええ。インテリアにちょっとお金(かね)をかけたんですけど、自分(じぶん)の好(す)きなものに囲(かこ)まれてるって、こんなに心地(ここち)がいいんだなって、今(いま)さらながら実感(じっかん)しています。

島田(しまだ)　でもさ、引(ひ)っ越(こ)したらそれまででしょ？あんまり、インテリアにお金(かね)をかけすぎない方(ほう)がいいよ。

青木(あおき)　まあ、それはそうなんですけど、一日(いちにち)のほとんどを部屋(へや)で過(す)ごすわけですから、お金(かね)をかければかけただけ、得(え)る物(もの)はあると思(おも)うんですよね。

島田(しまだ)　そうかな。

아오키　최근에 이사를 했는데 이사하고 난 다음부터 외출하기가 딱 싫어졌어요.

시마다　아. 이사한 곳이 굉장히 살기 편한 집인가 보네.

아오키　네. 인테리어에 조금 돈을 썼는데요, 내가 좋아하는 것에 둘러싸여 있다는 게 이렇게 마음 편한 건지 새삼 실감하고 있어요.

시마다　하지만 이사하게 되면 그걸로 끝이잖아? 인테리어에 너무 돈 들이지 않는 편이 좋아.

아오키　뭐, 그렇긴 한데요, 하루의 대부분을 집에서 보내는 거니까 돈을 들이면 들인 만큼 얻는 건 있는 것 같아요.

시마다　그런가.

어휘

すっかり	(부)완전히, 아주
出不精(でぶしょう)	(명/な형)외출을 싫어함
よっぽど	(부)상당히, 무척
居心地(いごこち)	(명)어떤 장소에 있을 때의 마음이나 기분
囲む(かこむ)	(동)둘러싸다, 에워싸다
心地(ここち)	(명)마음의 상태, 기분
今さら(いまさら)	(부)새삼스럽게
実感(じっかん)	(명/スル)실감
あんまり	(부)너무, 지나치게
過ごす(すごす)	(동)보내다, 지내다
得る(える)	(동)얻다

주요문형

1 ~てからというもの –한 다음부터

引っ越してからというもの、すっかり出不精になっちゃいました。

이사하고 난 다음부터 외출하기가 딱 싫어졌어요.

동(て형)+からというもの

- '~하고 나서 계속'이라는 의미이다.
- 어떤 사건을 계기로 큰 변화가 있었다는 것을 나타낸다.

예문

❶ A : えっ、毎日運動してるの？

B : うん。運動をするようになってからというもの、ものすごく体調がいいんだ。

A : 뭐? 매일 운동을 해?

B : 응. 운동을 하고 나서부터 컨디션이 굉장히 좋아.

❷ A : なんか、すごく道が混んでるね。

B : うん。近くにショッピングセンターができてからというもの、渋滞がひどいんだ。

A : 어쩐 일인지 길이 매우 혼잡하네.

B : 응. 근처에 쇼핑센터가 생긴 다음부터 정체가 심해졌어.

③ A：あれっ、今日(きょう)は車(くるま)じゃないの？

B：うん。事故(じこ)を起(お)こしてからというもの、運転(うんてん)するのが怖(こわ)くなっちゃって…。

A：어? 오늘은 차 안 가져왔어?

B：응. 사고를 낸 다음부터 운전하는 게 무서워져서….

2 ～ながら(も) –지만/–면서도

今(いま)さらながら実感(じっかん)しています。

새삼 실감하고 있어요.

동(ます형)/동(ない형)ない/い형(기본형)/な형어간/명/부＋ながら

- ① 첫번째의 '～ながら'는 '~이기는 하지만'이라는 의미이다.

예

遅(おく)ればせながら	뒤늦게나마
遅(おそ)まきながら	뒤늦게나마
及(およ)ばずながら	미흡하지만
勝手(かって)ながら	제 판단이기는 하지만
残念(ざんねん)ながら	유감이지만
僭越(せんえつ)ながら	외람되지만
恥(は)ずかしながら	부끄럽지만
微力(びりょく)ながら	미력하나마

- ② 두번째의 '～ながら(も)'는 '~이지만' '~인데'라는 역접의 의미로도 사용한다.
- ② '～ながら(も)'의 앞에 상태동사나 명/い형(기본형)/な형어간/동(ない형)ない와 함께 사용할 때는 역접인 경우가 많다.

예 目立(めだ)たないながらも、素晴(すば)らしい活躍(かつやく)をする。

눈에 띄지는 않지만 훌륭한 활약을 하다.

- ③ 이 외에도 동시병행의 의미가 있다.

  예 テレビを見(み)ながら、勉強(べんきょう)する。

  TV를 보면서 공부하다.

- ③ 동시병행과 역접은 문맥으로 판단해야 한다.

예문

❶ A : 飲(の)み会(かい)、来(こ)れそう？

B : 残念(ざんねん)ながら、行(い)けそうにないんですよ。

A : 회식, 올 수 있을 것 같아?

B : 죄송하지만 갈 수 없을 것 같아요.

❷ A : 新(あたら)しい家(いえ)はどう？

B : 狭(せま)いながらも、住(す)み心地(ごこち)はいいよ。

A : 새로운 집은 어때?

B : 좁지만 살기에는 좋아.

❸ A : バイキング行(い)くと、ついつい食(た)べ過(す)ぎるよね。

B : そうそう。食(た)べ過(す)ぎちゃいけないと思(おも)いながらも、食(た)べ過(す)ぎちゃうんだよね。

A : 뷔페에 가면 나도 모르게 과식하게 된다니까.

B : 맞아. 과식하면 안 된다고 생각하면서도 많이 먹게 되지.

3 ～たらそれまでだ／～ばそれまでだ -하면 그것으로 끝이다

でもさ、引っ越したらそれまででしょ？

하지만 이사하게 되면 그걸로 끝이잖아?

동(た형)ら＋それまでだ

동(조건형)＋それまでだ

- '만약 ~하면 그것으로 전부 끝이다' '만약 ~하면 모든 것이 허사가 된다'라는 의미이다.

예문

1 A：隣に住んでたおじいさん、超お金持ちだったらしい。

B：でもさ、どんなにお金持ちでも、死んでしまったらそれまでだよね。

A : 이웃에 살던 할아버지, 엄청 부자였대.

B : 그런데 아무리 부자라도 죽으면 그걸로 끝이잖아.

2 A：今井さん、書いてたレポート、全部消えちゃったんだって。

B：どんなにたくさん書いても、保存してなかったらそれまでだよね。

A : 이마이 씨, 작성하고 있던 리포트가 전부 날아가버렸대.

B : 아무리 많이 썼다 하더라도 저장하지 않으면 그걸로 끝이지.

3 A：僕、ちょっといい自転車を買おうと思ってるんだ。

B：どんなに高くても、無くしてしまえばそれまでだから、よく考えた方がいいよ。

A : 나, 조금 좋은 자전거 사려고 생각하는 중이야.

B : 아무리 비싸도 잃어버리면 끝이니까 잘 생각하는 편이 좋을 거야.

4 (～ば)～だけ　-하면 -한 만큼

お金をかければかけただけ、得る物はあると思うんですよね。

돈을 들이면 들인 만큼 얻는 건 있는 것 같아요.

동(조건형)、동(기본형)+だけ
동(조건형)、동(た형)+だけ
동(조건형)、それだけ
동(조건형)、동(た형)+ぶんだけ

- 'Aば、AだけB'는 'A의 정도가 강해지면 그에 따라 B의 정도도 강해진다'라는 의미이다.
- 조건을 나타내는 '동(조건형)' 부분은 생략하는 경우도 많다.

예문

1. A：もう少し時間をかけて作れば、もっと良くなるのに。
   B：時間をかければかけるだけ、良い作品になるとは限らないよ。
   A : 조금 더 시간을 들여서 만들면 더 좋아질텐데.
   B : 시간을 들이면 들인 만큼 꼭 좋은 작품이 된다고는 할 수 없어.

2. A：どうしてもうまく打てなくって。
   B：もうちょっと練習してみたら？どんなスポーツも、練習すれば練習しただけ上手になると思うよ。
   A : 아무래도 잘 치지 못하겠어.
   B : 좀 더 연습해 보면 어때? 어떤 스포츠라도 연습하면 연습한 만큼 실력이 늘거야.

❸ A：どうしてもダイエットがうまくいかなくって。

B：食(た)べれば、それだけ体重(たいじゅう)は増(ふ)えるからね。

A：다이어트를 제대로 못하고 있어.

B：먹으면 그만큼 체중은 늘어나니까.

연습문제

❶ 誠に勝手(　　　　　　)、本日はお休みさせていただきます。

❷ 結婚し(　　　　　　)、彼はすっかりお酒を飲まなくなった。

❸ まわりがどんなに説得しようと、本人が嫌だと言え(　　　　　　)。

❹ 勉強をすれば、勉強をした(　　　　　　)、いい点は取れる。

정답

❶ ながら(대단히 죄송하지만 오늘은 임시 휴업하겠습니다.)

❷ てからというもの(결혼을 하고 나서부터 그는 전혀 술을 마시지 않게 되었다.)

❸ ばそれまでだ(주위에서 아무리 설득해도 본인이 싫다고 하면 그만이다.)

❹ ぶんだけ(공부를 하면 한 만큼 좋은 점수를 받을 수 있다.)

Lesson 7 주거

03. 계획도 없이 가구를 늘리는 게 아니었어

青木　新しく買ったソファーを中心に家具を配置したいんだけど、どうしたらいいかな。

井上　真ん中の空いているスペースに置くと、部屋が狭くなっちゃうよね。だからといって、部屋の入り口に置くわけにもいかないし。

青木　そうなんだよね。

井上　この棚さえなければ、ここに置けるのに…。

青木　そうなんだよね。行き当たりばったりで家具を増やすもんじゃないね。買ったときは、いい買い物したと思ったんだけどね。

아오키 새로 산 소파를 중심으로 가구를 배치하고 싶은데 어떻게 하면 좋을까.

이노우에 한가운데 비어 있는 공간에 두면 방이 좁아지겠지. 그렇다고 방 입구에 둘 수도 없고.

아오키 그렇지.

이노우에 이 선반만 없으면 여기에 놓을 수 있을 텐데….

아오키 그러니까. 계획도 없이 가구를 늘리는 게 아니었어. 살 때만 해도 잘 샀다고 생각했는데 말이야.

어휘

ソファー(sofa)	(명)소파
家具(かぐ)	(명)가구
配置(はいち)	(명/スル)배치
真ん中(まんなか)	(명)한가운데, 중앙
空く(あく)	(동)(공간이) 비다, 나다
スペース(space)	(명)스페이스, 공간
入り口(いりぐち)	(명)입구
棚(たな)	(명)선반
行き当たりばったり(いきあたりばったり)	(명/な형)(아무 계획 없이) 되어가는 대로 함
増やす(ふやす)	(동)늘리다

주요문형

1 ～をちゅうしんに　−을 중심으로

新しく買ったソファーを中心に家具を配置したいんだ。

새로 산 소파를 중심으로 가구를 배치하고 싶어.

명＋をちゅうしんに

- '~을 일의 중심에 두고'라는 의미이다.
- 중심에 위치하거나 중요하다는 것을 나타내는 표현이다.
- 명사를 수식하는 '～を中心にした＋명'이라는 표현도 있다.

예 イタリアの郷土料理を中心にしたメニューを取り揃える。

이탈리아의 향토요리를 중심으로 한 메뉴를 준비하다.

예문

❶ A：どの辺りを掃除しましょうか。

B：そうだね。今日は、この辺を中心に掃除しようか。

A：어디를 청소할까요?

B：글쎄. 오늘은 이 주변을 중심으로 청소할까.

❷ A：もうすぐテストなんだけど、どうやって勉強したらいいかな？

B：文型を中心に勉強しなさいって先生が言ってたよ。

A：이제 곧 시험인데 어떻게 공부하면 좋을까?

B：문형을 중심으로 공부하라고 선생님이 말씀하셨어.

❸ A：どんな食事をしたらいいかな。

B：なるべく野菜を中心にした食事を取るようにするといいよ。

A : 어떤 식사를 하면 좋을까?

B : 되도록 채소를 중심으로 한 식사를 하는 게 좋아.

2 ～わけにはいかない –할 수는 없다

だからといって、部屋の入り口に置くわけにもいかないし。

그렇다고 방 입구에 둘 수도 없고.

동(기본형)＋わけにはいかない
동(ない형)ない＋わけにはいかない

- '～わけにはいかない'는 '~할 수는 없다' '~하는 것이 허락되지 않는다'라는 의미이다.
- '～ないわけにはいかない'는 '~하지 않을 수 없다'라는 의미이다.
- 사회 생활을 하는데 있어서 '그렇게는 할 수 없다' '그렇게 하지 않으면 안 된다'라는 의미로 사용한다.

예문

❶ A：手伝いましょうか。

B：いや、今井さんに、迷惑をかけるわけにはいきません。

A : 도와드릴까요?

B : 아니요, 이마이 씨에게 폐를 끼칠 수는 없어요.

❷ A：えっ、週末、日本に行くの？

B：うん。親友の結婚式だから、行かないわけにはいかなくて…。

A : 뭐? 주말에 일본 가?

B : 응. 친한 친구 결혼식이라 안 갈 수가 없어서….

❸ A：そんなに嫌だったらやめれば？

B：でも、仕事だから、やらないわけにはいかないんだ。

A : 그렇게 싫으면 그만두면 되잖아?

B : 하지만 일이니까 안 할 수가 없어.

3 ～もんではない（～ものじゃない） -하는 것이 아니다

行き当たりばったりで家具を増やす<u>もんじゃない</u>ね。

계획도 없이 가구를 늘리는 게 아니었어.

동(기본형) + もんじゃない（ものではない）

- '원래 ~하는 것이 아니다'라는 의미이다.
- 상대에게 주의를 줄 때 사용한다.

예문

❶ A：友達の悪口言ったら、友達に伝わっちゃったの。

B：人の悪口って、あまり言うもんじゃないよね。

A : 친구 험담을 했더니 친구가 알게 됐네.

B : 남의 험담은 함부로 하는 게 아니야.

❷ A：スペイン語(ご)を始(はじ)めたんだけど、難(むずか)しくって。

B：言葉(ことば)っていうのは、そんな簡単(かんたん)に話(はな)せるものではないよ。

A : 스페인어를 시작했는데 어렵네.

B : 언어라는 건 그렇게 쉽게 되는 게 아니야.

❸ A：友達(ともだち)にお金(かね)を貸(か)したんだけど、返(かえ)してくれなくって…。

B：お金(かね)っていうのは、あまり友達(ともだち)に貸(か)すもんじゃないと思(おも)うよ。

A : 친구에게 돈을 빌려줬는데 갚지를 않아서….

B : 친구라도 돈은 함부로 빌려주는 게 아니야.

연습문제

❶ 地球(ちきゅう)は太陽(たいよう)(　　　　　　)回(まわ)っている。

❷ みんながそろうまで、先(さき)に食(た)べる(　　　　　　)。

❸ 会社(かいしゃ)というのは、そんなに簡単(かんたん)に辞(や)められる(　　　　　　)。

정답

❶ を中心(ちゅうしん)に(지구는 태양을 중심으로 돌고 있다.)

❷ わけにはいかない(다 모일 때까지 먼저 먹을 수는 없다.)

❸ ものではない(회사라는 것은 그렇게 쉽게 그만둘 수 있는 게 아니다.)

Quiz

❶ どんな所でも、住み慣れるとそこが居心地よく思うようになるという意味の言葉は何でしょうか。

어디에서나 오래 살아서 정이 들면 그곳이 마음 편하게 느껴진다는 의미의 말을 뭐라고 할까요?

❷ 和風住宅で、部屋の外に設けて、出入り口などとして使う細長い板じきのことを何というでしょうか。カレイやヒラメの背びれ・尻びれの付け根にある肉のことも同じ名前で呼びます。

일본식 주택에서 방 바깥에 설치하여 출입구 등으로 사용하는 좁고 긴 마루를 뭐라고 할까요? 가자미나 광어의 등지느러미·꼬리지느러미가 붙어 있는 부분의 살을 가리키는 단어와 같습니다.

❸ 隠し事をしようとしても、どこで誰が見たり聞いたりしているか分からないという意味の言葉は何でしょう。

숨기려고 해도 어딘가에서 누군가가 보거나 듣고 있을지도 모른다는 의미의 속담을 뭐라고 할까요?

❹ 京都の知恩院や二条城は、歩くとキュッキュッと動物の鳴き声のような音がする「○○○○張り」の廊下で有名です。さて○○○○には、どんな動物が入るでしょうか。

교토(京都)의 치온인(知恩院)이나 니조성(二条城)은 걸어갈 때「キュッキュッ」이라는 동물의 울음소리 같은 소리가 나는「○○○○張り」복도로 유명합니다. 그렇다면 ○○○○에는 어떤 동물이 들어갈까요?

❺ 場所が狭いことを何というでしょうか。

장소가 좁다는 것을 뭐라고 할까요?

정답

❶ 「住めば都」라고 합니다. '정들면 고향'이라는 뜻입니다.

❷ 「縁側(툇마루/광어와 가자미의 지느러미살)」라고 합니다.

❸ 「壁に耳あり障子に目あり(낮말은 새가 듣고 밤말은 쥐가 듣는다)」라고 합니다.

❹ 휘파람새(うぐいす)의 울음소리처럼 들린다는 것에서 「うぐいす張り(휘파람새 마루)」라고 합니다.

❺ 고양이 이마가 좁다는 것에서 「猫の額」라고 합니다.

Lesson 8 여행

01. 다음 휴가에는 가나자와에 가볼까

青木(あおき)　この前(まえ)、金沢(かなざわ)に行(い)って来(き)たんです。

中野(なかの)　へえ、そうなんだ。金沢(かなざわ)って、海(うみ)に近(ちか)いから、海(うみ)の幸(さち)がおいしいのかな。

青木(あおき)　海(うみ)の幸(さち)のみならず、山(やま)の幸(さち)もおいしかったですよ。

中野(なかの)　そういえば、金沢(かなざわ)って、小京都(しょうきょうと)っていわれてるよね。

青木(あおき)　ええ。昔(むかし)ながらの街並(まちな)みを見(み)ながら、川(かわ)に沿(そ)って歩(ある)いたんですが、なかなか風情(ふぜい)があって良(よ)かったです。

中野(なかの)　冬休(ふゆやす)みに京都(きょうと)に行(い)ったっきり、どこにも旅行(りょこう)していないんだよね。次(つぎ)の休(やす)みは、金沢(かなざわ)に行(い)ってみようかな。

아오키　일전에 가나자와에 갔다 왔어요.

나카노　아, 그렇구나. 가나자와는 바다에 가까우니까 해산물이 맛있어?

아오키　해산물뿐만 아니라 산에서 나는 것도 맛있어요.

나카노　그러고 보니 가나자와는 작은 교토라고 불리지.

아오키　네. 옛날 그대로의 모습을 간직한 거리를 보면서 강을 따라 걸었는데 상당히 운치가 있고 좋았어요.

나카노　겨울휴가 때 교토에 간 이후로 아무데도 여행을 안 갔는데. 다음 휴가에는 가나자와에 가볼까.

어휘

この前(まえ)　(명)일전, 지난번
海(うみ)の幸(さち)　(명)해산물
山(やま)の幸(さち)　(명)산에서 나는 것, 산채나 사냥으로 잡은 것
小京都(しょうきょうと)　(명)작은 교토
昔(むかし)　(명)옛날, 예전
街並(まちな)み　(명)거리에 집이나 가게가 늘어선 모습
なかなか　(부)상당히, 매우
風情(ふぜい)　(명)풍치, 운치

주요문형

1 ～のみならず　-(뿐)만 아니라

海(うみ)の幸(さち)のみならず、山(やま)の幸(さち)もおいしかったですよ。

해산물뿐만 아니라 산에서 나는 것도 맛있어요.

동(기본형)/い형(기본형)/な형어간である/명(である)+のみならず

- '～だけでなく(~뿐만 아니라)'라는 의미로, 그 외의 것도 포함된다는 것을 나타낸다.
- 문어체에서 사용하는 경우가 많다.

예문

① A：このグループって人気(にんき)なんでしょ？

B：うん。韓国(かんこく)のみならず、海外(かいがい)でも人気(にんき)だって聞(き)いたよ。

A：이 그룹 인기 있지?

B：응. 한국뿐만 아니라 해외에서도 인기라고 들었어.

② A：この先生(せんせい)って有名(ゆうめい)なの？

B：うん。優(すぐ)れた研究者(けんきゅうしゃ)であるのみならず、立派(りっぱ)な教育者(きょういくしゃ)だという評判(ひょうばん)だよ。

A：이 선생님이 유명해?

B：응. 뛰어난 연구자일 뿐만 아니라 훌륭한 교육자라는 평판이야.

③ A：この人(ひと)って、俳優(はいゆう)さんなの？

B：俳優(はいゆう)としてのみならず、監督(かんとく)としても有名(ゆうめい)だよ。

A：이 사람은 배우야?

B：배우로서뿐만 아니라 감독으로도 유명해.

2 ～ながらの／～ながらに　-채로/-그대로

昔(むかし)ながらの街並(まちな)みを見(み)ながら、川(かわ)に沿(そ)って歩(ある)いたんです。

옛날 그대로의 모습을 간직한 거리를 보면서 강을 따라 걸었어요.

동(ます형)/명＋ながらの／ながらに

- '~인 채의 상태로'라는 의미이다.
- 상태가 그대로 변화하지 않고 계속되는 모습을 표현한다.
- 관용적인 표현이 많다.

예

いつもながらの	한결같은
いながら(にして)	가만 있으면서
生(う)まれながら(にして)	태어났을 때부터
涙(なみだ)ながらに	눈물을 흘리며

예문

1. A：最近(さいきん)は、公開中(こうかいちゅう)の映画(えいが)でも自宅(じたく)で見(み)れるもんね。
   B：えっ、家(いえ)に居(い)ながらにして、最新(さいしん)の映画(えいが)が見(み)れるの？
   A：요즘은 개봉중인 영화라도 집에서 볼 수 있지.
   B：어? 집에서 최신 영화를 볼 수 있어?

2. A：へえ、いろんなビジネスをやってるんだね。
   B：うん。生(う)まれながらの商売人(しょうばいにん)だねってよくいわれる。
   A：와, 여러 가지 비즈니스를 하는구나.
   B：응. 타고난 장사꾼이라는 말을 자주 들어.

❸ A：本番(ほんばん)で失敗(しっぱい)しないためにはどうしたらいいかな？

B：本番(ほんばん)さながらのリハーサルを一度(いちど)やっておくといいよ。

A : 실전에서 실수하지 않기 위해서는 어떻게 하면 될까?

B : 실제 상황과 똑같이 리허설을 한번 해두면 좋을 거야.

* '本番(ほんばん)'이란 영화·TV·라디오 등에서 테스트나 리허설이 아니라 실제로 촬영·방송·녹음을 진행하는 것을 말한다. 일반적으로는 연습이 아니고 정식으로 한다는 의미도 있다.

3 ～にそって／～にそった　-을 따라서/-에 따라

昔(むかし)ながらの街並(まちな)みを見(み)ながら、川(かわ)に沿(そ)って歩(ある)いたんです。

옛날 그대로의 모습을 간직한 거리를 보면서 강을 따라 걸었어요.

명+にそって

명+にそった+명

- '~을 따라서' '~로부터 벗어나지 않도록'이라는 의미이다.
- 강이나 길 등 길게 이어지는 것이나 순서, 매뉴얼 등 작업 흐름을 나타내는 표현과 함께 사용한다.

예문

❶ A：お店(みせ)って、どこなの？

B：線路(せんろ)に沿(そ)って歩(ある)いていくと、右手(みぎて)に見(み)えるよ。

A : 가게는 어디야?

B : 선로를 따라 걸어가면 오른쪽에 보여.

❷ A：どういう風(ふう)に進(すす)めて行(い)けばいいですか。

B：このスケジュールに沿(そ)って作業(さぎょう)を進(すす)めて下(くだ)さい。

A : 어떤 식으로 진행하면 좋을까요?

B : 이 스케줄에 따라서 작업을 진행해 주세요.

❸ A：どう選(えら)べばいいんでしょうか。

B：こちらから、お客様(きゃくさま)のご希望(きぼう)に沿(そ)ったプランを一(ひと)つだけお選(えら)び下(くだ)さい。

A : 어떻게 선택하면 좋을까요?

B : 여기에서 고객님의 희망에 따라 플랜을 하나만 선택해 주세요.

4 ～っきり、～ない(～きり、～ない) -한 후로 -하지 않다

冬休(ふゆやす)みに京都(きょうと)に行(い)ったっきり、どこにも旅行(りょこう)してないんだよね。

겨울휴가 때 교토에 간 이후로 아무데도 여행을 안 갔는데.

동(た형)+っきり、～ない(きり、～ない)

- '~한 후에 진전이 없다' '~한 후 아무것도 하지 않았다'라는 의미이다.
- 뒤에는 부정표현이 오는 경우가 많다.
- 어떤 행동을 한 후 예상하던 일이 일어나지 않았을 때 사용한다.

예문

❶ A：ねえ、あのマンガ貸(か)してよ。

B：あのマンガ、大野(おおの)さんに貸(か)したっきり、返(かえ)ってきてないんだ。

A : 저기, 그 만화책 좀 빌려줘.

B : 그 만화책, 오노 씨에게 빌려준 뒤로 돌려받지 못했어.

❷ A：金さんが、一緒に会おうよって言ってたよ。

B：金さんか。去年会ったっきり一度も会ってないな。

A : 김수현 씨가 같이 만나자고 했어.

B : 김수현 씨라. 작년에 만난 후로 한 번도 못 만났네.

❸ A：えっ、今日、最初の食事なの？

B：朝、牛乳を飲んだきり、何にも食べてなくって。

A : 뭐? 오늘 첫 식사야?

B : 아침에 우유를 마신 후로 아무것도 못 먹었거든.

연습문제

❶ 彼はつらい体験を涙(　　　　　　)語った。

❷ このホテルは、ビジネス(　　　　　　)レジャーにも最適だ。

❸ 息子は、昼に出かけた(　　　　　　)帰ってこない。

❹ 山道(　　　　　　)、頂上まで登る。

정답

❶ ながらに(그는 힘들었던 경험을 눈물을 흘리면서 말했다.)

❷ のみならず(이 호텔은 비즈니스 출장뿐만 아니라 여행할 때도 적합하다.)

❸ きり(아들은 낮에 나간 이후로 돌아오지 않았다.)

❹ に沿って(산길을 따라 정상까지 올라간다.)

Lesson 8 여행

02. 오키나와의 매력에 빠져 버렸어요

島田(しまだ)　この前(まえ)、沖縄(おきなわ)に行(い)ってたんですよ。

中野(なかの)　そうなんだ。沖縄(おきなわ)といえば、やっぱり青(あお)い海(うみ)だよね。

島田(しまだ)　それが、二月(にがつ)の初(はじ)めに行(い)ったんで、青(あお)い海(うみ)で泳(およ)ぐどころか、青(あお)い海(うみ)を見(み)ることさえできなかったんです。

中野(なかの)　えっ、二月(にがつ)って天気(てんき)があんまり良(よ)くないの？

島田(しまだ)　ええ。一月(いちがつ)、二月(にがつ)は雨(あめ)が多(おお)いみたいなんですよ。それでもみんな雨(あめ)をものともせずに、観光(かんこう)してましたよ。

中野(なかの)　へえ。雨(あめ)だと沖縄(おきなわ)の魅力(みりょく)が半減(はんげん)しちゃうね。

島田(しまだ)　それはそうなんですが、今回(こんかい)の旅行(りょこう)をきっかけに、すっかり沖縄(おきなわ)の魅力(みりょく)にとりつかれてしまいました。

시마다　얼마전에 오키나와에 갔다 왔어요.

나카노　그렇구나. 오키나와라면 역시 푸른 바다지.

시마다　그게, 2월 초에 갔더니 푸른 바다에서 수영을 하기는커녕, 푸른 바다를 보지도 못했어요.

나카노　어? 2월은 날씨가 별로 좋지 않나?

시마다　네. 1월, 2월은 비가 자주 오나 봐요. 그래도 다들 비를 아랑곳하지 않고 관광하더라고요.

나카노　저런. 비가 오면 오키나와의 매력이 반감되지.

시마다　그건 그런데요, 이번 여행을 계기로 오키나와의 매력에 완전히 빠져 버렸어요.

어휘

観光(かんこう)	(명/スル)관광
魅力(みりょく)	(명)매력
半減(はんげん)	(명/スル)반감
とりつく	(동)어떤 생각이 머리에서 떠나지 않다

주요문형

1 ～といえば -라고 하면

沖縄(おきなわ)といえば、やっぱり青(あお)い海(うみ)だよね。

오키나와라면 역시 푸른 바다지.

동(보통형)/い형(보통형)/な형어간/な형(보통형)/명/
명(보통형) + といえば

- 어떤 단어를 거론하면서 화제로 삼을 때 사용한다.
- ‘Aといえば、Aだが’라는 표현은 ‘A라고 하지 못할 것도 아니지만’이라는 의미이다.

예 寒(さむ)いといえば寒(さむ)いが、コートを着(き)るほどではない。
　 춥다고 하면 춥지만 코트를 입을 정도는 아니다.

예문

① A：平野(ひらの)さん、A社(エーしゃ)に就職(しゅうしょく)するらしいですよ。
　 B：えっ、そうなの？A社(エーしゃ)といえば、うちのいとこも働(はたら)いてるんだけど。
　 A：히라노 씨, A사에 취직한다는 것 같아요.
　 B：어, 그래? A사라면 우리 사촌도 다니고 있는데.

② A：春(はる)の花(はな)というと、どんな花(はな)が思(おも)い浮(う)かびますか。
　 B：春(はる)の花(はな)といえば、やっぱり桜(さくら)とか梅(うめ)じゃないでしょうか。
　 A：봄꽃이라고 하면 어떤 꽃이 생각날까요?
　 B：봄꽃이라면 역시 벚꽃이나 매화가 아닐까요.

③ A：今の会社はどうですか。

B：給料が少ないのが、不満といえば不満だけど、それ以外は文句ないよ。

A : 지금 회사는 어때요?

B : 월급이 적은 게 불만이라면 불만인데 그 외에는 불만 없어.

2 ～どころか～も／さえ／すら -는커녕 -도/조차

青い海で泳ぐどころか、青い海を見ることさえできなかったんです。

푸른 바다에서 수영을 하기는커녕, 푸른 바다를 보지도 못했어요.

동(보통형)/い형(기본형)/い형어간くない/な형어간な/な형어간である/명(である)＋どころか～も／さえ／すら

- ‘ＡどころかＢも’는 ‘평균적인 수준인 A가 안 될 뿐만 아니라 그 보다도 낮은 수준인 B조차도 안 된다’라는 의미이다.

예문

① A：担当者には、会えましたか。

B：それが会うどころか、連絡さえも取れてなくって。

A : 담당자는 만났어요?

B : 그게 만나기는커녕 연락조차 되지 않아.

② A：えっ、焼酎、飲めないんですか？

B：実は、焼酎どころか、ビールも飲めないんだ。

A : 어? 소주 못 마셔요?

B : 실은 소주는커녕 맥주도 못 마셔.

❸ A：えっ、休み時間、なかったんですか？

B：休み時間どころか、食事をする時間さえなかったんだよ。

A : 어? 쉬는 시간 없었어요?

B : 쉬는 시간은커녕 식사할 시간조차 없었어.

3 ～をものともせず(に) -을 아랑곳하지 않고

それでもみんな雨をものともせずに、観光してましたよ。

그래도 다들 비를 아랑곳하지 않고 관광하더라고요.

명+をものともせず(に)

- '~을 조금도 두려워하지 않고'라는 의미이다.
- 힘든 상황인데도 불고하고 용기 있게 맞서는 모습을 나타내는 표현이다.
- 다른 사람의 행동에 대해 높이 평가할 때 사용하는 경우가 많다.

예문

❶ A：茂木選手、最後まで走り切ったって。

B：足のけがをものともせずに、よく頑張ったよね。

A : 모기 선수, 마지막까지 완주했다고 하더라.

B : 다리 부상을 아랑곳하지 않고 잘 해냈네.

❷ A：へえ。この女優さんが好きなんだ。

B：周囲の批判をものともせず、自分の信念を貫き通す姿が素敵だなと思ってさ。

A : 아, 이 여배우를 좋아하는구나.

B : 주변의 비판을 아랑곳 않고 자신의 신념을 관철하는 모습이 멋지다고 생각해.

❸ A：あの試合(しあい)、かなりブーイングがすごかったんでしょ？

B：うん。でも、選手(せんしゅ)たちはブーイングをものともせずに、最後(さいご)まで一生懸命(いっしょうけんめい)戦(たたか)ってたよ。

A：그 경기, 야유가 상당히 심했다면서?

B：응. 하지만 선수들은 야유를 아랑곳하지 않고 마지막까지 열심히 싸웠어.

4 ～をきっかけに(して)／～がきっかけで／～がきっかけとなって

-을 계기로 (해서)/-을 계기로/-이 계기가 되어

今回(こんかい)の旅行(りょこう)をきっかけに、すっかり沖縄(おきなわ)の魅力(みりょく)にとりつかれてしまいました。

이번 여행을 계기로 오키나와의 매력에 완전히 빠져 버렸어요.

동(た형)+のをきっかけに(して)／のがきっかけで／のがきっかけとなって

- '~가 기회·계기가 되어'라는 의미이다.
- 뒤에서는 지금까지와는 다른 변화에 대해서 서술한다.

예문

❶ A：韓流(ハンリュウ)って、いつ頃(ごろ)、始(はじ)まったんだっけ？

B：『冬(ふゆ)のソナタ』ブームをきっかけに、韓流(ハンリュウ)が始(はじ)まったといわれてるよね。

A：한류는 언제쯤 시작되었더라?

B：『겨울 연가』 붐을 계기로 한류가 시작되었다고들 하지.

❷ A：この人、本も出してるの？

B：うん。インスタがきっかけで、本を出すことになったんだって。

A : 이 사람, 책도 출판했어?

B : 응. 인스타그램이 계기가 되어 책을 내게 되었다고 하네.

❸ A：えっ、あの二人って、タイで出会ったの？

B：うん。旅行先のタイで会ったのがきっかけとなって、結婚したらしいよ。

A : 어, 저 두 사람 태국에서 만났어?

B : 응. 여행지인 태국에서 만난 게 계기가 되어 결혼했다는 것 같아.

연습문제

❶ メキシコ旅行(　　　　　　)、スペイン語の勉強を始めた。

❷ 日本語を勉強しているが、漢字(　　　　　　)ひらがなさえ書けない。

❸ 春(　　　　　　)春だが、風はまだ冷たい。

❹ 彼らは、嵐(　　　　　　)航海を続けた。

정답

❶ をきっかけに(멕시코 여행을 계기로 스페인어 공부를 시작했다.)

❷ どころか(일어를 공부하고 있는데 한자는커녕 히라가나조차 쓰지 못한다.)

❸ といえば(봄이라고 하면 봄이지만 바람은 아직 차다.)

❹ をものともせずに(그들은 폭풍우를 아랑곳하지 않고 항해를 계속했다.)

Lesson 8 여행

03. 비행기가 결항될지도 모르겠다

井上(いのうえ)　雨(あめ)、激(はげ)しくなる一方(いっぽう)だね。

青木(あおき)　うん。バケツをひっくり返(かえ)したような大雨(おおあめ)だよね。

井上(いのうえ)　天気予報(てんきよほう)では昼過(ひるす)ぎにはやむって言(い)ってたのにね。このままでは飛行機(ひこうき)、欠航(けっこう)になりかねないかも…。

青木(あおき)　えっ、まさか。この程度(ていど)の雨(あめ)で欠航(けっこう)になったりはしないでしょ？

井上(いのうえ)　うーん。どうだろう。

青木(あおき)　久(ひさ)しぶりの旅行(りょこう)なのに、困(こま)ったな…。

井上(いのうえ)　まあ、もう少(すこ)し様子(ようす)を見(み)てみるしかないよね。

이노우에 비가 계속 심해지네.

아오키 응. 마치 양동이로 퍼붓듯이 비가 쏟아지네.

이노우에 일기예보에서 오후에는 그친다고 했었는데. 이 상태라면 비행기가 결항될지도 모르겠다.

아오키 아니, 설마. 이 정도의 비로 결항되지는 않겠지?

이노우에 음. 글쎄.

아오키 모처럼의 여행인데 어쩌지….

이노우에 뭐, 조금 더 상황을 지켜 봐야지.

어휘

激(はげ)しい	(い형)심하다, 세차다
バケツ	(명)양동이
ひっくり返(かえ)す	(명)뒤엎다, 뒤집다
大雨(おおあめ)	(명)큰비, 호우, 폭우
天気予報(てんきよほう)	(명)일기예보
昼過(ひるす)ぎ	(명)오후
欠航(けっこう)	(명/スル)결항
困(こま)る	(동)난처하다
様子(ようす)を見(み)る	상황을 보다

주요문형

1 ~いっぽうだ　계속 -하다

雨(あめ)、激(はげ)しくなる一方(いっぽう)だね。

비가 계속 심해지네.

동(기본형) + いっぽうだ

- '변화가 더 진전되고 있다'라는 의미이다.
- 변화를 나타내는 동사와 함께 사용한다.
- 부정적인 의미로 사용하는 경우가 많다.

예문

❶ A : 英語(えいご)、得意(とくい)なんじゃなかったの？

B : いや、それがさ、最近(さいきん)、使(つか)ってないから、忘(わす)れる一方(いっぽう)で…。

A : 영어, 잘 하는 거 아니었어?

B : 아니 그게, 요즘 쓰지 않았더니 계속 잊어버려서….

❷ A : 子(こ)どもの時(とき)は、大人(おとな)っていうのは、悩(なや)みがないものだと思(おも)ってたよ。

B : 大人(おとな)になったらなったで、悩(なや)みは増(ふ)える一方(いっぽう)だよね。

A : 어릴 때는 어른이 되면 고민이 없을 거라고 생각했어.

B : 어른이 되어도 고민은 늘어가기만 해.

❸ A : 雑誌(ざっし)にも出(で)たし、お店(みせ)、もうかってるんじゃないの？

B : いや、有名(ゆうめい)にはなったけど、売(う)り上(あ)げは減(へ)る一方(いっぽう)なんだ。

A : 잡지에도 나왔고 장사 잘 되지?

B : 그게, 유명해지긴 했는데 매출은 계속 줄어드네.

2 ～ような／～ように　-같은/-처럼/-듯이

バケツをひっくり返したような大雨だよね。

마치 양동이로 퍼붓듯이 비가 쏟아지네.

동(기본형)/동(た형)/명の + ような

동(기본형)/동(た형)/명の + ように

- '～みたいな(~같은)' '～みたいに(~처럼)'라는 의미이다.
- 관용표현과 함께 사용하는 경우가 많다.

예 ときどき思い出したように連絡が来る。

가끔 느닷없이 연락이 온다.

彼女の気持ちが手に取るように分かる。

그녀의 마음은 손바닥을 들여다보듯이 환하게 알 수 있다.

예문

❶ A：えっ、この女優さんそんなに人気なの？

B：うん。彼女が身につけたものが、飛ぶように売れるんだって。

A : 어, 이 여배우 그렇게 인기야?

B : 응. 그녀가 걸친 것들이 날개 돋친 듯 팔린다네.

❷ A：沖縄、どうだった？

B：真夏のような暑さだったよ。

A : 오키나와, 어땠어?

B : 한여름처럼 더웠어.

❸ A：えっ、赤ちゃん、苦手なの？

B：うん。私が抱くと、みんな火がついたように泣き出すんだよ。

A : 어, 아기 안 좋아해?

B : 응. 내가 안으면 아기들이 자지러지게 울기 시작하거든.

3 ～かねない　-할지도 모른다

このままでは飛行機(ひこうき)、欠航(けっこう)になりかねないかも…。

이 상태라면 비행기가 결항될지도 모르겠다.

동(ます형) + かねない

- '바람직하지 않은 사태를 야기시킬지도 모른다'는 의미이다.
- 부정적인 감정이 담겨져 있다.

예문

1. A : 野村(のむら)さんにも、言(い)っちゃった。

   B : えっ。野村(のむら)さんなんかに言(い)ったら、みんなに言(い)いふらしかねないよ。

   A : 노무라 씨에게도 말해버렸어.

   B : 어. 노무라 씨에게 말하면 모두에게 소문을 낼지도 몰라.

2. A : 準備運動(じゅんびうんどう)って、めんどくさいよね。

   B : だからといって、準備運動(じゅんびうんどう)もせずに、いきなり走(はし)ったりしたら、けがをしかねないよ。

   A : 준비운동은 귀찮아.

   B : 그렇다고 준비운동도 하지 않고 갑자기 달리거나 하면 다칠 수도 있어.

3. A : 人工知能(じんこうちのう)って、すごいよね。

   B : うん。もっと発達(はったつ)したら、人間(にんげん)の仕事(しごと)は人工知能(じんこうちのう)にうばわれかねないと思(おも)う。

   A : 인공지능이란 대단하네.

   B : 응. 더 발달하면 인간의 일을 인공지능에게 빼앗길지도 몰라.

연습문제

❶ 残業続き(ざんぎょうつづ)きで、ストレスはたまる(　　　　　　)。

❷ あたりは、水(みず)を打(う)った(　　　　　　)静(しず)まりかえった。

❸ 誤解(ごかい)を招(まね)き(　　　　　　)発言(はつげん)はするべきではない。

정답

❶ 一方(いっぽう)だ(계속되는 야근으로 스트레스가 쌓이기만 한다.)

❷ ように(주변은 찬물을 끼얹은 듯이 조용해졌다.)

❸ かねない(오해를 초래할 수 있는 발언은 하는 것이 아니다.)

Quiz

❶ 「○○○○○には、旅(たび)をさせよ」ということわざがあります。さて、○○○○○には、どんな言葉(ことば)が入(はい)るでしょうか。

「○○○○○には、旅(たび)をさせよ」라는 속담이 있습니다. 그렇다면 ○○○○○에는 어떤 말이 들어갈까요?

❷ 山野(さんや)などに紅葉(こうよう)を見(み)に出(で)かけることを何(なん)というでしょうか。

산이나 들에 단풍을 구경하러 나가는 것을 뭐라고 할까요?

❸ 行(い)った先(さき)で泊(と)まらずに、その日(ひ)のうちに帰(かえ)ってくることを何(なん)というでしょうか。

간 곳에서 숙박을 하지 않고 그날 안에 돌아오는 것을 뭐라고 할까요?

❹ 思(おも)い切(き)って大(おお)きな決断(けつだん)を下(くだ)すことを何(なん)というでしょうか。

과감하게 큰 결단을 내리는 것을 뭐라고 할까요?

❺ 旅行業界(りょこうぎょうかい)では、「安近短(あんきんたん)」という言葉(ことば)が使(つか)われます。どういう意味(いみ)でしょうか。

여행업계에서는 「安近短(あんきんたん)」이라는 말을 사용합니다. 어떤 의미일까요?

정답

❶ 「かわいい子」입니다. 자식이 귀여우면 응석을 받아주지 말고 세상의 힘든 경험을 하도록 하는 편이 자식의 미래에 도움이 된다는 의미의 속담입니다.

❷ 「紅葉狩り(단풍놀이)」라고 합니다.

❸ 「日帰り(당일치기)」라고 합니다.

❹ 「清水の舞台から飛びおりる(기요미즈데라의 무대에서 뛰어내리다)」라고 합니다.

❺ 「費用が安く、距離が近く、日程が短い(비용이 적게 들고 거리가 가깝고 일정이 짧다)」라는 의미입니다. 최근에는 이러한 형태의 여행이 인기가 있다고 합니다.

Lesson 9 일

01. 통역을 하기 전에는 어떤 준비를 해서 가요?

青木　通訳する前って、どういう準備をしていくものなんですか。

中野　あらかじめ、もらった資料を読み込んだ上で、専門用語なんかをチェックしてから行くかな。

青木　じゃあ、仕事をするのは当日だけじゃないんですね。

中野　そういうことになるよね。でも、全部の資料をもらえるわけじゃないから、準備しようにも、準備できない部分も結構あったりするよ。

青木　それだと、中野さんといえども、かなりの負担になりませんか。

中野　まあ、何度か通訳したことのある会議であれば、内容を知ってるから、負担が少なくてすむんだけど、初めてだと、やっぱり負担になるよね。

아오키　통역을 하기 전에는 어떤 준비를 해서 가는 건가요?

나카노　미리 받은 자료를 잘 읽은 후에 전문용어 등을 체크하고 가.

아오키　그럼 일을 하는 건 당일날만이 아니네요.

나카노　그런 셈이지. 하지만 자료를 전부 받을 수 있는 건 아니라서 준비하려고 해도 준비를 할 수 없는 부분도 꽤 있어.

아오키　그렇다면 아무리 나카노 씨라고 하더라도 상당히 부담되지 않아요?

나카노　뭐, 몇번 통역을 한 적이 있는 회의라면 내용을 알고 있으니까 부담이 적겠지만 처음이라면 아무래도 부담이 되지.

어휘

通訳(つうやく)	(명/スル)통역
あらかじめ	(부)미리, 사전에
資料(しりょう)	(명)자료
読み込む(よみこむ)	(동)잘 읽어 이해하다
当日(とうじつ)	(명)당일
かなり	(부/な형)꽤, 상당히
負担(ふたん)	(명/スル)부담

주요문형

1 ～うえ(で)(순서) -한 다음에

もらった資料を読み込んだ上で、専門用語をチェックしてから行く。

받은 자료를 잘 읽은 후에 전문용어를 체크하고 가.

동(た형)/명の＋うえ(で)

- 명사의 경우에는 'する동사'의 명사 부분이 들어간다.
- 'まず、きちんと～して、それから(우선 제대로 ~하고, 그 후에)' 'きちんと～した状態で(제대로 ~한 상태에서)'라는 의미이다.
- 'A うえで B'는 'A 다음에 B'라는 순서를 나타낼 뿐만 아니라 'A가 조건이 되어 B에 이르다'라는 의미도 있다.
- A에는 확인·절차와 관련된 말이 오는 경우가 많다.

예문

① A：えっ、別れることにしたの？

B：ええ。二人でよく話し合った上で決めたんです。

A：뭐, 헤어지기로 했어?

B：네. 둘이 잘 상의한 후에 결정했어요.

② A：どの授業をとったらいいかで悩んでるんだ。

B：先生に相談した上で、決めたら？

A：어떤 수업을 듣는 게 좋을까 고민 중이야.

B：선생님과 상담한 다음에 정하면 어때?

③ A：面接の日は何を持っていったらいいでしょうか。
B：履歴書をご持参の上、お越しください。

A：면접날은 무엇을 가져 가면 될까요?
B：이력서를 지참하고 오세요.

2 ～(よ)うにも～ない -하려고 해도 -할 수 없다

準備しようにも、準備できない部分も結構あったりするよ。

준비하려고 해도 준비를 할 수 없는 부분도 꽤 있어.

동(의지형)+にも、동(ない형)ない

- '그렇게 하려고 해도 그렇게 할 수 없다' 는 의미로, 의지는 있으나 심리적인 저항이 있을 때 사용한다.
- 앞, 뒤에 같은 동사를 사용하며, 뒤의 '동(가능형의 ない형)ない'를 쓴다.
- '동(기본형)+に、동(ない형)ない(~하고 싶어도 ~할 수 없다)'와 같은 의미이다.

예 言うに言われぬ事情があるようだ。
말 못할 사정이 있는 것 같다.

예문

① A：先週は、どうして来なかったの？
B：腰が痛くて、起き上がろうにも起き上がれなかったんです。

A：지난주에는 왜 안 왔어?
B：허리가 아파서 일어나려고 해도 일어날 수가 없었어요.

❷ A : 和田さんに連絡してみたら？

B : いや、それが連絡先を知らないから、連絡を取ろうにも取れないんです。

A : 와다 씨에게 연락해 보면 어때?

B : 아니 그게, 연락처를 몰라서 연락하고 싶어도 할 수가 없어요.

❸ A : これなんかは、もう要らないんじゃない？

B : いや、これは思い出の品なので、捨てようにも捨てられないんです。

A : 이건 이제 필요없지 않아?

B : 아, 이건 추억의 물건이라 버리려 해도 버릴 수가 없어요.

3 ～と(は)いえども　-이라 하더라도

中野さんといえども、かなりの負担になりませんか。

나카노 씨라고 하더라도 상당히 부담되지 않아요?

동(보통형)/い형(보통형)/な형어간/な형(보통형)/명/
명(보통형) + と(は)いえども

- 'たとえ～でも(비록 ~이라도)' 'いくら～でも(아무리 ~이라 해도)'라는 의미이다.
- 후행절에는 선행절에 나온 내용을 일부 부정하는 내용이 들어간다.

예문

❶ A : 明日香ちゃん、親に結婚反対されてるんだって。

B : まあ、成人したといえども、まだ大学生だからね。

A : 아스카 부모님은 결혼을 반대하신다더라.

B : 뭐, 성인이 되었다고 하더라도 아직 대학생이니까.

❷ A：ちょっと風邪気味なんだ。

B：そうなの？ただの風邪とはいえども、今日はゆっくり休んだほうがいいよ。

A : 감기 기운이 좀 있어.

B : 그래? 그냥 감기라고는 하더라도 오늘은 푹 쉬는 편이 좋을 거야.

❸ A：友達にお金を貸してって言われてて。

B：仲がいいとはいえども、お金を貸すのはどうかと思うよ。

A : 친구가 돈을 빌려달라고 하네.

B : 친하다고 해도 돈을 빌려주는 건 어떨까 싶네.

4 ～てすむ　-로 해결되다

通訳したことのある会議であれば、負担が少なくてすむ。

통역을 한 적이 있는 회의라면 부담이 적다.

동(て형)/い형어간くて/な형어간で/명で＋すむ

- 앞문장을 받아서 '그것으로 해결되다' '그것으로 충분하다' 라는 의미를 나타낸다.
- い형용사와 함께 쓸 경우 'て'를 생략할 수도 있다.

예 引っ越し料金は思っていたより安く済んだ。
이사비용은 생각보다 싸게 해결됐다.

예문

❶ A：ほんとに、ごめん。許(ゆる)して。

B：謝(あやま)ってすむなら、警察(けいさつ)は要(い)らないよ。

A：정말 미안해. 용서해 줘.

B：사과해서 해결될 거라면 경찰은 필요 없지.

❷ A：会社(かいしゃ)まで行(い)くの、めんどくさいな。

B：電話一本(でんわいっぽん)ですむんだから、わざわざ行(い)くことはないんじゃない？

A：회사까지 가는 게 귀찮네.

B：전화 한 통이면 해결될 일이니까 굳이 갈 필요 없지 않을까?

❸ A：小島(こじま)さん、交通事故(こうつうじこ)にあったって聞(き)いたんだけど…。

B：うん。幸(さいわ)いなことに、けがは軽(かる)くすんだみたい。

A：고지마 씨가 교통사고 났다고 들었는데….

B：응. 다행히 가벼운 부상만 입은 것 같아.

연습문제

❶ 取扱説明書をよく読んだ(　　　　　)、ご使用ください。

❷ 日本語ネイティブ(　　　　　)、敬語が上手に使えるとは限らない。

❸ このフライパンを使うと油の量が少なくて(　　　　　)んだ。

❹ 僕のおこづかいでは、買おう(　　　　　)買えない金額だ。

정답

❶ 上で(취급설명서를 잘 읽고난 후에 사용하십시오.)

❷ といえども(일본어가 모국어라고 하더라도 반드시 경어를 능숙하게 사용할 수 있는 것은 아니다.)

❸ すむ(이 프라이팬을 사용하면 기름이 적게 들어.)

❹ にも(내 용돈으로는 사고 싶어도 살 수 없는 금액이다.)

Lesson 9 일

02. 어떤 일이든 이삼일 전에는 끝내려고 해요

島田(しまだ)　青木(あおき)さんって、しめ切(き)り前(まえ)に絶対(ぜったい)仕事(しごと)を終(お)わらせるタイプだよね。

青木(あおき)　はい。どんな仕事(しごと)であれ、二(に)、三日(さんにち)前(まえ)には終(お)わらせるようにしています。

島田(しまだ)　僕(ぼく)なんかは、いつもしめ切(き)りぎりぎりまでやってることが多(おお)いから、うらやましい限(かぎ)りだよ。

青木(あおき)　しめ切(き)り前(まえ)に限(かぎ)って、他(ほか)の仕事(しごと)を頼(たの)まれたりするので、なるべく早(はや)めに終(お)わらせておきたいんですよ。

島田(しまだ)　へえ、そういう理由(りゆう)があったんだ。

青木(あおき)　まあ、うまく断(ことわ)ればいいんですが、断(ことわ)るに断(ことわ)れないことも多(おお)くって。

시마다 아오키 씨는 마감 전에 반드시 일을 끝내는 타입이지?

아오키 네. 어떤 일이든 이삼일 전에는 끝내려고 해요.

시마다 나는 항상 마감 직전까지 하는 경우가 많으니까 부러울 따름이네.

아오키 마감 전에 꼭 다른 일이 들어오는 경우가 있어서 가능한 한 빨리 끝내두고 싶어요.

시마다 아, 그런 이유가 있구나.

아오키 뭐, 잘 거절하면 되겠지만 거절할 수 없는 경우도 많아서요.

어휘

しめ切(き)り	(명)마감
絶対(ぜったい)	(명/な형)절대
タイプ	(명)타입
ぎりぎり	(명/な형)빠듯함, 여유가 없음
うらやましい	(い형)부럽다
なるべく	(부)가능한 한, 가급적
早(はや)め	(명/な형)조금 이른 듯함, 조금 빠름
うまい	(い형)좋다, 잘하다
断(ことわ)る	(동)거절하다

주요문형

1 ～であれ　-이든/-이라 할지라도

どんな仕事であれ、二、三日前には終わらせるようにしています。

어떤 일이든 이삼일 전에는 끝내려고 해요.

명/의문사＋であれ

- '～でも関係なく(~이라도 관계없이)' '～であっても関係なく(~일지라도 관계없이)'라는 의미이다.
- '～であろうと(~이든)'와 같은 의미이다.

예 彼がどんな人であろうと関係ない。
그가 어떤 사람이든 상관없다.

예문

❶ A：あんな人だと思わなかった。

B：まあ、どんな人であれ、欠点の一つや二つはあるんじゃない？

A：그런 사람인 줄 몰랐어.

B：뭐, 어떤 사람이든 결점 한두 가지는 있잖아.

❷ A：なぐるなんて、ひどいと思わない？

B：うん。どんな理由であれ、暴力はいけないよね。

A：때리다니, 심한 거 아니야?

B：응. 어떤 이유이든간에 폭력은 안 되지.

③ A：明日試合なんだって？頑張ってね。

B：うん。どんな相手であれ、ベストを尽くすつもりだよ。

A : 내일 시합이라면서? 잘 해.

B : 응. 어떤 상대든지 최선을 다할 생각이야.

2 ~かぎりだ　-할 따름이다/너무 -하다/-하기 짝이 없다

いつもしめ切りぎりぎりまでやってることが多いから、うらやましい限りだよ。

항상 마감 직전까지 하는 경우가 많으니까 부러울 따름이네.

い형(기본형)/な형어간な＋かぎりだ

- '정말 ~하다'라는 화자의 마음을 나타낸다.
- 감정을 표현하는 형용사와 함께 사용한다.

예문

① A：あんなにあっけなく負けるとは思わなかった。

B：ねえ。ほんと、残念な限りだよね。

A : 그렇게 어이없이 질 줄은 몰랐어.

B : 그러게. 정말 아쉽네.

② A：昨日はかなり酔っ払ってたけど、大丈夫？

B：見苦しいところを見せてしまって、恥ずかしい限りです。

A : 어제는 상당히 취했던데, 괜찮아?

B : 좋지 않은 모습을 보여서 부끄러울 따름이에요.

❸ A：ひとこと、お願いします。

B：こうして皆さんの前であいさつすることができて、うれしい限りです。

A : 한 말씀 부탁드리겠습니다.

B : 이렇게 여러분 앞에서 인사를 드리게 되어 너무나 기쁩니다.

3 ～にかぎって　-에 한해서/-만은/-따라

しめ切り前に限って、他の仕事を頼まれたりする。

마감 전에 꼭 다른 일이 들어오는 경우가 있다.

명+にかぎって

- ① ‘AにかぎってB’는 ‘평소에는 그렇지 않은데 A의 경우만 특별히 B다’라는 의미를 나타낸다.

  예 急いでいる時に限って、タクシーがなかなかつかまらない。

  급할 때 꼭 택시가 잘 잡히지 않는다.

- ② ‘AにかぎってB’는 ‘A의 경우는 절대로 B일 리가 없다’라는 의미이다.
- ② 화자가 잘 알고 있는 내용에 대해 말할 때 사용한다.

  예 あの人に限ってそんなことをするはずがない。

  그 사람은 절대로 그런 일을 할 리가 없다.

예문

❶ A：実は、テストの日に朝寝坊しちゃってさ。

B：分かる。遅刻しちゃいけない時に限って、寝坊しちゃうんだよね。

A : 실은 시험날 늦잠을 자버렸어.

B : 그래. 지각하면 안 되는 날따라 꼭 늦잠을 잔다니까.

❷ A：この俳優さん、怖そうだけど、いい人なんだって。

B：そうそう。一見怖そうな人に限って、いい人だったりするよね。

A : 이 배우는 무섭게 보이는데 착한 사람이라고 하더라.

B : 맞아. 언뜻 무섭게 보이는 사람이 착한 경우가 많더라고.

❸ A：野口さん、連絡ないんだけど、ドタキャンかな？

B：まさか。野口さんに限って、ドタキャンはないと思う。

A : 노구치 씨한테 연락이 없는데 안 오는 거 아닐까?

B : 설마. 노구치 씨는 (그런 사람이 아니니까) 꼭 올거야.

4 ～に～ない -하고 싶어도 -할 수 없다

うまく断れればいいんですが、断るに断れないことも多くって。

잘 거절하면 되겠지만 거절할 수 없는 경우도 많아서요.

동(기본형)+に、동(ない형)ない

- '그렇게 하고 싶어도 그렇게 할 수 없다'는 의미로, 의지는 있으나 심리적인 저항이 있을 때 사용한다.
- 앞, 뒤에 같은 동사를 사용하며, 뒤의 '동사는 가능형의 ない형+ない'를 쓴다.
- '동(의지형)+にも、동(ない형)ない(~하려고 해도 ~할 수 없다)'와 같은 의미이다.
- 관용표현으로 사용하는 경우도 많다.

예
泣くに泣けない　울고 싶어도 울 수가 없다
笑うに笑えない　웃고 싶어도 웃을 수가 없다
引くに引けない　물러서고 싶어도 물러설 수가 없다
言うに言われぬ　말하고 싶어도 말할 수 없는

예문

❶ A：着ないんだったら、捨てちゃえば？

B：捨てたいんだけど、高かったから、捨てるに捨てられなくって。

A : 안 입을거면 버리면 어때?

B : 버리고 싶은데 비싼 거라 (버리려고 해도) 못 버리겠어.

❷ A：大変だったら、断ればいいのに。

B：自分からやるといった手前、引くに引けなくなっちゃって…。

A : 힘들면 거절하는 게 좋을텐데.

B : 내가 한다고 한 이상 그만두고 싶어도 그만둘 수가 없게 됐어….

❸ A：あれ、会社辞めるんじゃなかったの？

B：大きな仕事を任されて、辞めるに辞められなくなっちゃったんだ。

A : 어? 회사 그만둔다고 하지 않았어?

B : 큰 일을 맡게 되어서 그만두려 해도 그만둘 수가 없게 됐어.

연습문제

❶ 「全然勉強していない」と言う人(　　　　　　)、テストでいい点を取る。

❷ 彼女が遠くに引っ越してしまうのは、さびしい(　　　　　)。

❸ たとえ子ども(　　　　　　)、自分のしたことは自分で責任を取らなければならない。

❹ 買ったばかりの携帯電話をなくしてしまい、泣く(　　)泣け(　　　　　)状況だ。

정답

❶ に限って("공부 전혀 안 했어"라고 말하는 사람이 꼭 시험에서 좋은 점수를 받는다.)

❷ 限りだ(그녀가 멀리 이사가는 것은 너무나 서운하다.)

❸ であれ(비록 아이라고 해도 자기가 한 일은 자기가 책임져야 한다.)

❹ に／ない(새로 산 핸드폰을 잃어버려서 울고 싶어도 울 수 없는 상황이다.)

Lesson 9 일

03. 실수를 해서 선배에게 심한 꾸중을 들었어

青木　実はさ、この前、会社でミスして先輩に大目玉を食らっちゃったんだ…。

井上　えっ、そうなの？

青木　それで、すっかり自信を無くしちゃって。

井上　みんな仕事で怒られたりすると、自分が否定されていると考えがちだけど、先輩はミスについて怒っているのであって、青木さんのことを否定しているわけじゃないから、そんなに落ち込むこと無いよ。

青木　えっ。そうなの？

井上　うん。それにミスは今度から気をつければいいわけだし…。みんなそうやって怒られながら成長していくものだと思うよ。

青木　そっか。ちょっと元気が出てきたよ。いずれにせよ、まずはミスしないように気をつけなきゃね。

아오키 실은 일전에 회사에서 실수를 해서 선배에게 심한 꾸중을 들었어….

이노우에 그래?

아오키 그래서 완전히 자신감을 잃어버렸어.

이노우에 다들 업무 때문에 꾸중 들으면 자신을 부정당했다고 생각하기 쉬운데, 선배는 실수에 대해 화를 내고 있는 것이지 아오키 씨를 부정하고 있는 건 아니니까 그렇게 의기소침할 필요는 없어.

아오키 어? 그런 거야?

이노우에 응. 게다가 실수는 앞으로 조심하면 되는 거고…. 다들 그렇게 혼도 나면서 성장해 가는 거라고 생각해.

아오키 그런가. 조금 기운이 나네. 어쨌든 우선 실수를 하지 않도록 조심해야겠다.

어휘

この前(まえ)	(명)일전, 지난번
ミス(miss)	(명/スル)미스, 실수
大目玉(おおめだま)を食(く)らう	심한 꾸중을 듣다
自信(じしん)	(명)자신
否定(ひてい)	(명/スル)부정
落(お)ち込(こ)む	(동)침울해지다, 의기소침하다
気(き)をつける	조심하다, 주의하다
怒(おこ)る	(동)화내다, 꾸짖다, 나무라다
成長(せいちょう)	(명/スル)성장
いずれ	(대)어느 것, 어느 쪽
まず	(부)우선, 먼저

주요문형

1 ～がちだ　-하기 쉽다

仕事で怒られたりすると、自分が否定されていると考えがちだ。

업무 때문에 꾸중 들으면 자신을 부정당했다고 생각하기 쉽다.

동(ます형)/명＋がちだ

- '～であることの方が多い(~인 편이 많다)' '～になりやすい(~가 되기 쉽다)'라는 의미이다.
- 관용 표현이 많다.

예

遠慮がち	(말이나 태도가) 조심스러운 모습
とまどいがち	주저하는 모습
伏し目がち	눈을 곧잘 내리뜨다
不足しがち	부족하기 쉽다
便秘がち	자주 변비에 걸리다
夢見がち	꿈 같은 일만 생각하는 모습

예문

❶ A：えっ、体弱いんですか？

B：うん。子どもの頃から病気がちで…。

A：어, 몸이 약해요?

B：응. 어릴 적부터 병치레가 잦아서….

❷ A：このところ外食が続いてて…。

B：外食が多いと、栄養が偏りがちになるよね。

A：요즘 계속 외식을 해서….

B：외식이 잦으면 영양의 균형이 깨지기 쉽지.

③ A：どうして電車来ないのかな？

B：朝の電車って、遅れがちだよね。

A : 왜 전철이 안 오는 걸까?

B : 아침시간에는 전철이 늦게 오는 경우가 많지.

2 ～ものだ（～もんだ） -하기 마련이다

みんなそうやって怒られながら成長していくものだと思うよ。

다들 그렇게 혼도 나면서 성장해 가는 거라고 생각해.

동(기본형)/동(ない형)ない/い형(기본형)/な형어간な + ものだ

- '～が当然だ(~가 당연하다)' '～が一般的だ(~가 일반적이다)'라는 의미이다.
- 본성이나 본질을 말할 때 사용한다.
- 상식에 반하는 행동에 대해 주의를 주거나 충고할 때 사용한다.

  예 何かをもらったときは、お礼ぐらい言うものだ。

  남에게 뭔가를 받으면 인사 정도는 해야 한다.
- 회화에서는 '～もんだ'를 사용하는 경우도 많다.
- 부정형은 '～ものではない／～もんじゃない(~하는 것이 아니다)'가 된다.

  예 どんなに仲が良くても、お金は貸すものではない。

  아무리 친해도 돈은 빌려주는 것이 아니다.

예문

❶ A：大塚さん、昔はあんな人じゃなかったのに。

B：お金っていうのは、人を変えてしまうものだよね。

A : 옛날에 오츠카 씨는 저런 사람이 아니었는데.

B : 돈은 사람을 바꿔버리는 것 같아.

❷ A：バイトの子、ほめてあげたらすごい喜んでたんだけど。

B：そりゃ、そうでしょ。ほめられたら、誰だってうれしいもんだよ。

A : 알바생을 칭찬해 주었더니 굉장히 기뻐했어.

B : 그야 그렇지. 칭찬 받으면 누구라도 기쁘기 마련이야.

❸ A：みんなの前で弾き語りしたんだけど、ものすごく緊張したよ。

B：初めは誰でも緊張するもんだと思うよ。

A : 사람들 앞에서 연주하면서 노래를 불렀는데 엄청 긴장했어.

B : 처음에는 누구나 긴장하기 마련이야.

3 ～にせよ　-이라 해도/-이든

いずれにせよ、まずはミスしないように気をつけなきゃね。

어쨌든 우선 실수를 하지 않도록 조심해야겠다.

동(보통형)/い형(보통형)/な형어간である/な형어간だった/명/명である/명だった＋にせよ

- 가정할 때 사용한다.
- '～にしても'와 기본적인 의미나 사용방법은 같지만 다소 딱딱한 표현이다.

예 転勤するにしても、今すぐというのは困る。

전근을 간다고 하더라도 지금 당장 가게 되는 것은 곤란하다.

- 명사와 함께 사용하는 경우는 '～にせよ'를 두번 반복하는 경우가 많다.

예 出席にせよ欠席にせよあらかじめ連絡をしておいた方が良い。

출석하든 결석하든 미리 연락을 해놓는 편이 좋다.

- 의문사와 함께 사용하면 예외 없이 모두 해당된다는 의미가 된다.

예 どちらにせよ、私には関係ない。

어느 쪽이든 나와는 상관없다.

예문

① A：津波が来るかもしれないって。

B：そうなの？じゃあ、一時的にせよ、避難した方がいいんじゃない？

A：쓰나미가 올지도 모른다던데.

B：그래? 그럼 일시적이라도 대피하는 편이 낫지 않을까?

❷ A：先輩(せんぱい)、ものすごく怒(おこ)ってるみたい。

B：悪意(あくい)はなかったにせよ、まずは謝(あやま)った方(ほう)がいいと思(おも)うよ。

A：선배, 굉장히 화가 난 것 같아.

B：악의가 없었다 해도 우선 사과하는 편이 좋을 거라고 생각해.

❸ A：今日(きょう)、何(なん)にも食(た)べてなくって…。

B：忙(いそが)しかったにせよ、食事(しょくじ)ぐらいはした方(ほう)がいいと思(おも)うよ。

A：오늘 아무것도 못 먹어서….

B：바쁘더라도 식사는 하는 게 좋을 거야.

연습문제

❶ 熱が下がった（　　　　　）、しばらくは寝ていた方がいい。

❷ ごちそうになったら、ひとことお礼ぐらい言う（　　　　　）。

❸ 名前を呼ばれると、彼女は遠慮（　　　　　）に前に出た。

정답

❶ にせよ(열이 떨어졌다고는 해도 얼마 동안은 누워 있는 편이 좋다.)

❷ ものだ(음식을 대접받았으면 인사 한마디 정도는 하는 법이다.)

❸ がち(이름이 불리자 그녀는 조심스럽게 앞으로 나갔다.)

Quiz

1. ひたすら働き続けるサラリーマンのことを何というでしょうか。

   쉬지도 않고 계속해서 일하는 회사원을 뭐라고 할까요?

2. 働く条件や環境が悪く、従業員に負担をかける企業のことを何というでしょうか。

   근무 조건이나 환경이 나빠서 종업원에게 부담을 지우는 기업을 뭐라고 할까요?

3. 労働者が、お金のかわりに「やりがい」を強く意識させられ、お金が少なく支払われたり、全く支払われないまま、長時間働かされたりすることを何というでしょうか。

   노동자가 돈 대신에 '보람'을 강하게 의식하도록 하여 돈을 적게 받거나 전혀 받지 않은 채로 장시간 일을 하게 하는 것을 뭐라고 할까요?

4. 職場内の人間関係で発生するいじめや嫌がらせのことを、何というでしょうか。

   직장내의 인간관계에서 발생하는 집단 따돌림이나 괴롭힘을 뭐라고 할까요?

5. お金を受け取らずに、時間外で働くことを、何というでしょうか。

   돈을 받지 않고 시간외로 근무하는 것을 뭐라고 할까요?

정답

❶ 「働き蜂(일벌)」라고 합니다.

❷ 「ブラック企業(블랙 기업)」라고 합니다. 반대말은 「ホワイト企業(화이트 기업)」입니다.

❸ 「やりがい搾取(열정 페이)」라고 합니다.

❹ 「パワー・ハラスメント(power+harassment)」라고 합니다. 일본식 영어이며 줄여서 「パワハラ」라고 합니다.

❺ 「サービス残業」라고 합니다. 줄여서 「サビ残」이라고 합니다.

Lesson 10 등산

01. 등산은 어땠어요?

島田(しまだ)　登山(とざん)どうでした？

中野(なかの)　疲(つか)れたのなんのって。やっぱり年(とし)には勝(か)てないね。

島田(しまだ)　えっ、そんな大変(たいへん)だったんですか。

中野(なかの)　でもね、大変(たいへん)とはいうものの、絶景(ぜっけい)が待(ま)ってると思(おも)うと、また登(のぼ)りたくなっちゃうんだよね。

島田(しまだ)　そんな大変(たいへん)な思(おも)いをしてまで、なんで山(やま)に登(のぼ)るのか僕(ぼく)にはさっぱり理解(りかい)できません…。

中野(なかの)　まあ、実際(じっさい)に山(やま)に登(のぼ)ることなく、理解(りかい)するっていうのは難(むずか)しいかもね。島田君(しまだくん)も、次(つぎ)は一緒(いっしょ)に登(のぼ)ってみない？

島田(しまだ)　えっ、ハイキングならまだしも、山登(やまのぼ)りは無理(むり)ですよ。

시마다 등산 어땠어요?

나카노 엄청나게 피곤했어. 역시 나이 이길 장사 없나 봐.

시마다 아, 그렇게 힘들었어요?

나카노 그런데 힘들다고는 해도 절경을 볼 수 있다고 생각하니 또 올라가고 싶어지더라.

시마다 그렇게 힘들면서까지 왜 산에 올라가는지 저는 전혀 이해를 못 하겠어요….

나카노 뭐, 실제로 올라가 보지 않고 이해한다는 건 어려울지도 몰라. 시마다 군도 다음에 같이 가지 않을래?

시마다 어, 하이킹 정도라면 몰라도 등산은 힘들 것 같아요.

어휘

年(とし)には勝(か)てない	나이에는 이길 수 없다
大変(たいへん)	(명/な형)고생스러움, 힘듦
絶景(ぜっけい)	(명)절경
思(おも)い	(명)생각, 기분, 느낌
さっぱり	(부)도무지, 전혀
理解(りかい)	(명/スル)이해
ハイキング(hiking)	(명/スル)하이킹
山登(やまのぼ)り	(명)등산
無理(むり)	(명/な형/スル)무리

주요문형

1 ～のなんのって　상당히 -하다

疲(つか)れたのなんのって。

엄청나게 피곤했어.

동(보통형)/い형(기본형)/な형어간な＋のなんのって

- '상당히 ~하다'라는 의미이다.
- 감탄하거나 놀랐을 때 사용한다.
- 회화체에서 사용하는 경우가 많다.
- 감정의 고조를 표현하는 'もう'와 함께 사용하는 경우가 많다.
- '～なんてもんじゃない'와 비슷한 의미이다.

예 今年(ことし)の夏(なつ)は、暑(あつ)いなんてもんじゃなかったよ。
올해 여름은 너무 더웠어.

예문

❶ A：あそこのケーキ、どうでした？

B：おいしいのなんのって。三(みっ)つも食(た)べちゃったよ。

A：그 가게의 케이크 어땠어요?

B：너무 맛있어서 세 조각이나 먹었어.

❷ A：イ・ジョンソク、かっこよかったですか？

B：うん。かっこいいのなんのって。あんなかっこいい人(ひと)初(はじ)めて見(み)たよ。

A：이종석은 멋있었어요?

B：응. 멋있는 정도가 아니야. 그렇게 잘생긴 사람은 처음 봤어.

❸ A：最近、忙しいですか？

B：もう忙しいのなんのって。週末返上で働いてるよ。

A：요즘 바쁘세요?

B：엄청나게 바빠서 주말도 반납하고 일하고 있어.

2 ～とはいうものの　-라고는 하나/-라 하더라도

大変とはいうものの、絶景が待ってると思うと、また登りたくなっちゃうんだよね。

힘들다고는 해도 절경을 볼 수 있다고 생각하니 또 올라가고 싶어지더라.

동(보통형)/い형(보통형)/な형(보통형)/명(보통형)/명＋とはいうものの

- 예상되거나 기대되는 것과 현실이 달랐을 때 사용하는 표현이다.
- 선행절의 내용은 분명하다고 인정하면서 후행절에서는 선행절과는 상반되는 내용을 말한다.

예문

❶ A：えっ、妹さん就職活動中なの？

B：うん。大学院を出たとはいうものの、就職先が見つからないみたいでさ。

A：어, 여동생이 구직 활동 하고 있어?

B：응. 대학원을 졸업하긴 했는데 아직 취직이 안 됐어.

❷ A：景気、かなり回復してるみたいですね。

B：回復しているとはいうものの、実感できるほどではないよね。

A：경기가 상당히 회복된 것 같아요.

B：회복되었다고는 하는데 실감할 정도는 아니지.

❸ A：梅雨の季節ですね。

B：でも、梅雨とはいうものの、あまり雨が降っていないよね。

A : 장마의 계절이네요.

B : 그런데 장마라고는 하지만 비가 별로 내리지 않네.

3 ～ことなく -하지 않고

実際に山に登ることなく、理解するっていうのは難しいかもね。

실제로 올라가 보지 않고 이해한다는 건 어려울지도 몰라.

동(기본형)+ことなく

- ‘たとえ～でも(비록 ~이라도)’ ‘いくら～でも(아무리 ~이라 해도)’라는 의미이다.
- 후행절에는 선행절에 나온 내용을 일부 부정하는 내용이 들어간다.

예문

❶ A：工藤さんが、倒れたって本当？

B：うん、そうなの。このところ、休むことなく、働いてたみたいで。

A : 구도 씨가 쓰러졌다는 게 정말이야?

B : 응. 맞아. 최근에 전혀 쉬지 않고 일했었대.

❷ A：前田さん、ジョギング始めたらしいね。

B：うん。毎日欠かすことなく走っているらしいよ。

A : 마에다 씨가 조깅 시작했다고 들었어.

B : 응. 하루도 빠짐 없이 조깅한다더라.

③ A：飛行機(ひこうき)、遅(おく)れなかった？

B：うん。遅(おく)れることなく、時間通(じかんどお)りに到着(とうちゃく)したよ。

A：비행기는 지연되지 않았어?

B：응. 지연되지 않고 제시간에 도착했어.

4 ～ならまだしも　-라면 또 모르지만

ハイキングならまだしも、山登(やまのぼ)りは無理(むり)ですよ。

하이킹 정도라면 몰라도 등산은 힘들 것 같아요.

동(보통형)(の)/い형(보통형)(の)/な형(보통형)(の)/명(보통형)(の)/명+ならまだしも

- '~정도라면 그나마 용납할 수 있지만' '~정도라면 생각할 수도 있지만'이라는 의미이다.
- '～ならまだしも' 대신에 '～はまだしも'를 사용할 수도 있다.

  예 素人(しろうと)はまだしも、プロならば、もう少(すこ)しプロとしての自覚(じかく)を持(も)つべきだ。

  아마추어라면 몰라도 프로라면 좀더 프로답게 행동해야 한다.

예문

① A：小川(おがわ)さん、いじけて帰(かえ)っちゃったんだって？

B：子(こ)どもがいじけるならまだしも、大(だい)の大人(おとな)がいじけるとか、ありえないよね。

A：오가와 씨는 삐쳐서 집에 가버렸다면서?

B：어린애가 삐치는 거라면 몰라도 다 큰 어른이 삐치다니 황당하지.

❷ A : えっ、会社辞めちゃったんですか？

B : うん。だって忙しいだけならまだしも、給料も安いんだもん。

A : 아니, 회사 그만뒀어요?

B : 응. 바쁘기만 하면 그래도 괜찮은데 급여도 적어서.

❸ A : 友達に一万円貸したんだけど、返してくれなくって。

B : 千円ならまだしも、一万円っていうのはちょっとひどいね。

A : 친구에게 만 엔 빌려줬는데 못 받았어.

B : 천 엔이라면 몰라도 만 엔은 좀 심하네.

연습문제

1. 財布(さいふ)だけ(　　　　　　　)、ケータイまで家(いえ)に置(お)いて来(き)てしまった。

2. 驚(おどろ)いた(　　　　　　　)。心臓(しんぞう)が止(と)まるかと思(おも)ったよ。

3. こよみの上(うえ)では春(はる)(　　　　　　　)、まだ寒(さむ)い日(ひ)が続(つづ)いている。

4. 彼女(かのじょ)はためらう(　　　　　　　)、自分(じぶん)の気持(きも)ちを彼(かれ)に伝(つた)えた。

정답

1. ならまだしも(지갑만이면 몰라도 휴대폰까지 집에 두고 왔다.)
2. のなんのって(놀란 정도가 아니야. 심장이 멎는 줄 알았어.)
3. とはいうものの(절기상으로 봄이라고는 해도 아직 추운 날이 계속되고 있다.)
4. ことなく(그녀는 망설임 없이 자기 마음을 그에게 전했다.)

Lesson 10 등산

02. 이번 등산에서 산의 매력을 알게 됐어

島田(しまだ)　中野(なかの)さんに誘(さそ)われるまま、山(やま)に登(のぼ)ってみたんだけど、意外(いがい)に楽(たの)しくってさ。また山(やま)に行(い)く約束(やくそく)しちゃった。

青木(あおき)　あれ、ついこないだまで、山(やま)に登(のぼ)る人(ひと)の気(き)が知(し)れないとかなんとか言(い)ってたのに、どうしちゃったんですか。

島田(しまだ)　今回(こんかい)、登(のぼ)ってみて初(はじ)めて、山(やま)の魅力(みりょく)が分(わ)かったんだ。

青木(あおき)　すっかり山(やま)にはまっちゃったんですね。でも、結構(けっこう)疲(つか)れたんじゃありませんか？

島田(しまだ)　うん。疲(つか)れたなんてもんじゃなかったよ。家(いえ)に着(つ)いたとたん、バタンキューだった。

青木(あおき)　えっ、それでも、また行(い)きたいんですか？

시마다 나카노 씨가 권해서 등산을 갔었는데 의외로 재미있었어. 또 산에 갈 약속을 했지 뭐야.

아오키 어머, 바로 얼마전까지만 해도 등산하는 사람들 마음을 모르겠다더니 어떻게 된 거예요?

시마다 이번에 올라가 보고 비로소 산의 매력을 알게 됐어.

아오키 완전히 등산에 빠졌네요. 그런데 꽤 힘들지 않았어요?

시마다 응. 힘든 정도가 아니었어. 집에 도착하자마자 뻗었어.

아오키 아니, 그런데도 또 가고싶은 거예요?

어휘

誘(さそ)う	(동)권하다, 권유하다
意外(いがい)	(명/な형)의외
つい	(부)바로, 조금
こないだ	(명)지난번, 요전
気(き)が知(し)れない	이해할 수 없다
魅力(みりょく)	(명)매력
すっかり	(부)완전히, 아주
はまる	(동)빠지다, 빠져들다
疲(つか)れる	(동)지치다, 피로해지다
バタンキュー	(명)녹초가 되어 쓰러져서 바로 잠이 듦

주요문형

1 ~(が)まま(に) -대로

中野さんに誘われる<u>まま</u>、山に登ってみたんだ。

나카노 씨가 권해서 등산을 갔었어.

동(기본형)/동(수동형)+(が)まま(に)

- '~대로' '~에 따라서'라는 의미이다.
- 자연스러운 흐름이나 감정에 몸을 맡긴다는 것을 나타낸다.
- '동(た형)/동(ない형)ない/い형(기본형)/な형어간な/な형어간だった/명の+まま'의 경우 '~인 상태로' '~인 상태에 변화없이'라는 의미이다.

예 天気予報で雨だと言っていたのに、洗濯物を干したまま出て来てしまった。

일기예보에서 비가 올거라고 했는데 빨래를 널어둔 채로 나와 버렸다.

예문

❶ A : 親に反抗するなんて、竹内さんらしくないね。

B : 今まで、親に言われるがままに生きてきたけど、なんか違う気がして…。

A : 부모님께 반항하다니 다케우치 씨답지 않아.

B : 지금까지 부모님이 원하는 대로 살아왔는데 이건 아닌 것 같아서….

❷ A : 原稿を書いてるんだけど、なかなか進まなくって。

B : まずは気の向くままに書いてみたらどう？

A : 원고를 쓰고 있는데 좀처럼 진도가 나가지 않네.

B : 우선 마음이 가는 대로 써보면 어때?

❸ A：契約書(けいやくしょ)は、じっくり読(よ)んでからサインしないとだめだよ。

B：えっ、言(い)われるがままに、サインしちゃったよ。

A : 계약서는 꼼꼼하게 읽어보고 나서 사인해야 해.

B : 앗, 하라는 대로 사인해 버렸어.

2 ～てはじめて　-하고 나서야 비로소

今回(こんかい)、登(のぼ)ってみて初(はじ)めて、山(やま)の魅力(みりょく)が分(わ)かったんだ。

이번에 올라가 보고 비로소 산의 매력을 알게 됐어.

동(て형)＋はじめて

- 'AてはじめてB'는 'A를 경험하고 처음으로 B하게 되다'라는 의미이다.
- B에는 '새로운 일이 일어났다' '지금까지 몰랐던 사실을 알게 되었다'와 같은 내용이 온다.

예문

❶ A：やっぱり健康(けんこう)が一番(いちばん)だよね。

B：うん。私(わたし)も今回入院(こんかいにゅういん)して初(はじ)めて、健康(けんこう)の大切(たいせつ)さを思(おも)い知(し)ったよ。

A : 역시 건강이 최고야.

B : 응. 나도 이번에 입원하고 나서야 비로소 건강의 소중함을 깨달았어.

❷ A：やっぱり下調(したしら)べとか事前準備(じぜんじゅんび)っていうのは重要(じゅうよう)だよね。

B：うん。入念(にゅうねん)な下調(したしら)べや事前準備(じぜんじゅんび)があってはじめて、うまくいくものだと思(おも)うよ。

A : 역시 예비 조사나 사전 준비는 중요해.

B : 응. 꼼꼼한 예비 조사와 사전 준비가 있어야 비로소 순조롭게 진행되는 거야.

③ A：新婚なんだ。うらやましいな。

B：でも、結婚して初めて、結婚生活の大変さを思い知りました。

A : 신혼이구나. 부럽네.

B : 근데 결혼하고 나서야 비로소 결혼생활이 힘들다는 것을 절실히 깨달았어요.

3 ～なんてもんじゃない －한 정도가 아니다

疲れたなんてもんじゃなかったよ。

힘든 정도가 아니었어.

동(보통형)/い형(보통형)/な형(보통형)/명(보통형)＋なんてもんじゃない

- '상당히 ~하다'라는 의미이다.
- 감탄하거나 놀랐을 때 사용한다.
- 회화체에서 사용하는 경우가 많다.
- 감정의 고조를 표현하는 'もう'와 함께 사용하는 경우가 많다.
- '～のなんのって'와 비슷한 의미이다.

예 まさかこんなところで会うとは思わなかったから、びっくりしたのなんのって。
설마 여기서 만날 줄은 몰랐기 때문에 깜짝 놀랐어.

예문

① A：前の家、騒音がひどかったんでしょ？

B：ひどいなんてもんじゃなかったですよ。気が狂うかと思いました。

A : 전에 살던 집, 소음이 심했다면서?

B : 심한 정도가 아니었어요. 머리가 돌 지경이었어요.

❷ A：この指輪(ゆびわ)、きっと高(たか)いんだろうね。

B：高(たか)いなんてもんじゃないですよ。普通(ふつう)の人(ひと)は買(か)える値段(ねだん)じゃありません。

A : 이 반지, 틀림없이 비싸겠지?

B : 비싼 정도가 아니에요. 일반인이 살 수 있는 가격이 아니에요.

❸ A：北海道(ほっかいどう)、寒(さむ)かったでしょ？

B：もう寒(さむ)いなんてもんじゃなかったですよ。凍(こご)え死(じ)ぬかと思(おも)いました。

A : 홋카이도는 추웠지요?

B : 추운 정도가 아니었어요. 얼어죽는 줄 알았어요.

4 ～たとたん(に) -하자마자 바로 그 순간

家(いえ)に着(つ)いたとたん、バタンキューだった。

집에 도착하자마자 뻗었어.

동(た형)＋とたん(に)

- ‘Aたとたん(に) B’는 ‘A하자마자 B’라는 의미이며 A의 결과로 B가 야기되는 경우가 많다.
- 어떤 동작이나 변화가 일어난 후 곧바로 예기하지 않았던 일이 일어났을 때 사용한다.

예문

❶ A：大丈夫(だいじょうぶ)？

B：うん。なんか立(た)ち上(あ)がったとたんにめまいがしちゃって…。

A : 괜찮아?

B : 응. 일어서는 순간 어지러워서….

❷ A：どうしたの？ずぶぬれじゃん。

B：家(いえ)を出(で)たとたん、雨(あめ)が降(ふ)って来(き)ちゃって。

A : 무슨 일이야? 다 젖었네.

B : 집을 나서자마자 비가 내리기 시작했거든.

❸ A：えっ、一目(ひとめ)ぼれなの？

B：うん。彼(かれ)を見(み)たとたん、運命(うんめい)の人(ひと)だって思(おも)ったんだ。

A : 첫눈에 반했다고?

B : 응. 그를 본 순간 운명이라고 생각했어.

연습문제

❶ 足の向く(　　　　　　)歩いているうちに、かなり遠くまで来てしまった。

❷ 彼女と別れ(　　　　　　)、彼女が大切な人だったということに気付いた。

❸ A：その注射って、痛いんですか？
B：痛い(　　　　　　)よ。

❹ 赤ちゃんは私の顔を見(　　　　　　)、大声で泣き出した。

정답

❶ まま(발길이 닿는 대로 걷고 있는 사이에 꽤 먼 곳까지 와버렸다.)

❷ て初めて(그녀와 헤어지고 나서 비로소 그녀가 소중한 사람이었다는 것을 깨달았다.)

❸ なんてもんじゃない(A:그 주사는 아파요?/B:아픈 정도가 아니에요.)

❹ たとたん(아기는 내 얼굴을 보자마자 큰 소리로 울기 시작했다.)

Lesson 10 등산

03. 등산에 관심이 생겼어

青木　最近まわりで山登りにはまっている人、多いんだよね。

井上　ああ。実は、私も最近山登りにちょっと興味があるんだ。

青木　えっ、井上さんも？

井上　うん。調べた限りでは、高尾山なんかにも初心者向きのコースがあるんだって。だから、まずはそのコースに挑戦してみようかなって思ってるんだ。

青木　高尾山か。

井上　でもさ、最近ちょっと運動不足だから、自分なりにトレーニングをしてから、登るつもり。

青木　えっ、ずいぶんと本格的なんだね。

아오키　요즘 주변에 등산에 빠진 사람이 많아.

이노우에　아, 실은 나도 최근에 등산에 좀 관심이 생겼어.

아오키　아니, 이노우에 씨도?

이노우에　응. 알아본 바로는 다카오산 같은 데도 초보자에게 맞는 코스가 있대. 그래서 우선 그 코스에 도전해 볼까 생각 중이야.

아오키　다카오산이라.

이노우에　근데 요즘 좀 운동부족이라 내 나름대로 연습을 하고 나서 올라가 볼 작정이야.

아오키　어, 아주 본격적이네.

어휘

まわり	(명)주위, 근처
興味(きょうみ)	(명)흥미, 관심
初心者(しょしんしゃ)	(명)초보자
挑戦(ちょうせん)	(명/スル)도전
ずいぶん	(부)몹시, 대단히
本格的(ほんかくてき)	(な형)본격적

주요문형

1 ～かぎり(では) -는 한

調べた限りでは、高尾山なんかにも初心者向きのコースがあるらしい。

알아본 바로는 다카오산 같은 데도 초보자에게 맞는 코스가 있는 것 같아.

동(기본형)/동(た형)/명の + かぎり(では)

- '화자가 알고 있는 사실을 바탕으로 판단하면'이라는 의미이다.
- '聞く(듣다)' '知る(알다)' '見る(보다)' 같은 동사와 함께 사용하는 경우가 많다.

예문

① A：小野さん、元気だって？

B：はい。電話で話した限りでは、元気そうでしたよ。

A：오노 씨는 잘 지낸대?

B：네. 전화로 얘기한 바로는 잘 지내는 것 같았어요.

② A：これ、返品できるかな？

B：調べた限りでは、返品は難しそうですね。

A：이거 반품할 수 있을까?

B：내가 알아본 바로는 반품은 어려울 것 같아요.

③ A：石田さんって、たしか結婚してたよね？

B：いや、私の知っている限りでは、独身のはずですよ。

A：이시다 씨는 기혼이었지?

B：아니요, 제가 아는 한 싱글인데요.

2 ～むき　-에 적합하다/-에 알맞다

高尾山なんかにも初心者向きのコースがあるらしい。

다카오산 같은 데도 초보자에게 맞는 코스가 있는 것 같아.

명＋むき

- '~에 딱 맞다' '~에 적합하다'라는 의미이다.
- 의도하여 특정 대상에 맞게 만들어진 경우가 아니라 우연찮게 맞는 경우에 사용한다.
- 처음부터 특정 대상에 맞게 만들어진 경우는 '～むけ(~를 대상으로 한)'를 사용한다.

예 この本屋は子ども向けの絵本がそろっている。
이 서점은 아동용 그림책이 많다.

예문

❶ A：初めて登るんだったら、どの山がいいと思う？

B：そうだね。筑波山なんかは、初心者向きだと思うよ。

A：처음 등산을 한다면 어느 산이 좋을까?

B：글쎄. 초보자에게는 츠쿠바산 같은 산이 좋을 것 같은데.

❷ A：結婚式に呼ばれたんだけど、どういう格好していったらいいと思う？

B：そうだね。こういうワンピースなんかは、結婚式向きなんじゃない？

A：결혼식에 초대 받았는데 어떤 옷을 입고 가면 좋을까?

B：음. 이런 원피스라면 결혼식에 어울릴 것 같은데.

③ A：今日(きょう)の舞台(ぶたい)、良(よ)かったね。

B：うん。やっぱりこの俳優(はいゆう)さんは、テレビより舞台向(ぶたいむ)きだよね。

A : 오늘 공연은 좋았지?

B : 응. 역시 이 배우는 TV보다는 무대가 어울리는 배우야.

3 ～なりに／～なりの　-나름대로/-나름의

自分(じぶん)なりにトレーニングをしてから、登(のぼ)るつもり。

내 나름대로 연습을 하고 나서 올라가 볼 작정이야.

동(보통형)/い형(보통형)/な형(보통형)/명＋なりに／なりの

- '～相応(そうおう)に(~에 걸맞게)' '～相応(そうおう)の(~에 걸맞는)'라는 의미이다.
- 'AはAなりに／なりの(A는 A나름대로/나름의)'
  'AにはAなりに／なりの(A에게는 A나름대로/나름의)'
  'AならAなりに／なりの(A라면 A나름대로/나름의)'와 같은 형식으로 사용한다.

  예 私(わたし)は私(わたし)なりに頑張(がんば)ってきた。
  나는 내 나름대로 열심히 해왔다.

  예 大人(おとな)には大人(おとな)なりの悩(なや)みがある。
  어른에게는 어른 나름의 고민이 있다.

  예 できないなら、できないなりに一生懸命(いっしょうけんめい)にやればいい。
  못하면 못하는 대로 열심히 하면 된다.

- 'それなり(그런대로/그나름)'는 'それ相応(そうおう)(그에 걸맞는)'라는 의미이다.

  예 一生懸命勉強(いっしょうけんめいべんきょう)すれば、それなりの成果(せいか)があるはずだ。
  열심히 공부하면 나름의 성과가 있을 것이다.

예문

❶ A：中川さん、またミスして、部長に怒られたんだって。

B：仕事ができないならできないなりに、頑張ればいいのにね。

A : 나카가와 씨가 또 실수를 해서 부장님께 혼났다네.

B : 일을 못하면 못하는 대로 노력을 하면 좋을 텐데.

❷ A：森さん、会社辞めるつもりなのかな？

B：まあ、森さんには森さんなりの考えがあるんじゃない？

A : 모리 씨는 회사를 그만둘 생각인가?

B : 뭐, 모리 씨에게는 모리 씨 나름의 생각이 있겠지.

❸ A：試合、どうだった？

B：私なりに、頑張ったつもりだったんだけど、負けちゃった。

A : 경기 어떻게 됐어?

B : 내 나름대로 열심히 했는데 졌어.

연습문제

❶ 私(わたし)どもが調査(ちょうさ)した(　　　　　　)、問題(もんだい)はありませんでした。

❷ 彼(かれ)はどちらかといえば、営業(えいぎょう)(　　　　　　)の性格(せいかく)だと思(おも)う。

❸ 下手(へた)くそなら下手(へた)くそ(　　　　　　)練習(れんしゅう)するしかないんじゃない？

정답

❶ 限(かぎ)りでは(저희가 조사한 범위에서는 문제 없었습니다.)

❷ 向(む)き(그는 굳이 말하자면 영업에 적합한 성격이다.)

❸ なりに(서투르면 서툰 대로 연습할 수밖에 없지 않을까?)

Quiz

❶ 登山やハイキングを趣味とする若い女性のことを何というでしょうか。

등산이나 하이킹을 취미로 하는 젊은 여성을 뭐라고 할까요?

❷ 山の中にあり、登山者が泊まったり、休んだり、避難するために作られた建物のことを何というでしょうか。

산 속에 있어서 등산객들이 묵거나 쉬거나 대피하기 위해 만들어진 건물을 뭐라고 할까요?

❸ 「逆さ富士」とはどのような富士山のことをいうでしょうか。

「逆さ富士」란 어떤 후지산을 말할까요?

❹ 万が一の幸運をねらって、何かをすること、またそうなるであろうと予想して準備することを何というでしょうか。

만일의 행운을 바라고 뭔가를 하는 것, 또는 그렇게 될 거라고 예상해서 준비하는 것을 뭐라고 할까요?

❺ 山道などを下るとき、疲れてひざの力が抜け、ひざがガクガクすることを何と言うでしょうか。

산길을 내려갈 때 지쳐서 무릎에 힘이 빠져 무릎이 부들부들 떨리는 것을 뭐라고 할까요?

정답

❶ 「山(やま)ガール」라고 합니다. 이 표현은 2000년대 후반부터 사용하게 되었습니다.

❷ 「山小屋(やまごや)(산장)」라고 합니다.

❸ '수면에 거꾸로 비치는 후지산의 그림자'를 말합니다.

❹ 「山(やま)をかける(요행을 바라다)」라고 합니다. 예상이 딱 적중하는 것을 「山(やま)があたる」라고 합니다.

❺ 「ひざが笑(わら)う(무릎이 웃다)」라고 합니다.

Lesson 11 낚시

01. 낚시라도 가지 않을래요?

島田(しまだ)　天気予報(てんきよほう)によると、明日(あした)は晴(は)れるらしいんですが、つりでも行(い)きませんか。

中野(なかの)　えっ、つり？まあ、明日(あした)は休(やす)みだから、行(い)けないことはないんだけど、行(い)ったとしたって、足手(あしで)まといになるだけだと思(おも)うよ。

島田(しまだ)　いえ、穴場(あなば)があるんで、行(い)ったら絶対(ぜったい)につれると思(おも)いますよ。

中野(なかの)　そうなの？でも、私(わたし)、つりなんて生(う)まれてこのかた一度(いちど)もやったことないんだけど。

島田(しまだ)　大丈夫(だいじょうぶ)ですって。僕(ぼく)が手取(てと)り足取(あしと)り教(おし)えますから。

시마다	일기예보에 따르면 내일은 맑을 것 같은데 낚시라도 가지 않을래요?
나카노	어머, 낚시? 음, 내일은 휴일이니까 못 가는 건 아니지만 간다고 해도 방해만 될거야.
시마다	아니요, 잘 알려지지 않은 낚시 포인트가 있으니까 가면 반드시 낚을 수 있을 거예요.
나카노	그래? 하지만 난 낚시는 태어나서 한 번도 해본 적이 없는데.
시마다	괜찮다니까요. 제가 하나하나 잘 가르쳐드릴게요.

어휘

天気予報(てんきよほう)	(명)일기예보
晴(は)れる	(동)날씨가 개다, 맑다
つり	(명)낚시
足手(あしで)まとい	(명)방해가 됨
穴場(あなば)	(명)잘 알려지지 않은 좋은 곳
絶対(ぜったい)	(명/な형)절대
生(う)まれる	(동)태어나다
手取(てと)り足取(あしと)り	꼼꼼히 가르쳐 줌

주요문형

1 ～によると／～によれば -에 따르면/-에 의하면

天気予報(てんきよほう)によると、明日(あした)は晴(は)れるらしいんですが、つりでも行(い)きませんか？

일기예보에 따르면 내일은 맑을 것 같은데 낚시라도 가지 않을래요?

명+によると
명+によれば

- 정보의 출처, 판단의 근거를 나타내는 표현이다.
- '～そうだ(~인 것 같다)' '～らしい(~인 것 같다)' '～ということだ(~라고 한다)' 같은 표현과 함께 사용한다.

예문

❶ A：昔(むかし)は、築地(つきじ)のあたりも海(うみ)だったのかな。
B：うん。昔(むかし)の資料(しりょう)によると、この辺(あた)りは全部海(ぜんぶうみ)だったみたいだね。
A：옛날에 츠키지 주변도 바다였을까.
B：응. 옛날 자료에 따르면 이 주변은 전부 바다였던 것 같아.

❷ A：イタリアに行(い)ったら、この美術館(びじゅつかん)に行(い)きたいな。
B：ガイドブックによると、月曜日(げつようび)が休(やす)みみたいだね。
A：이탈리아에 가면 이 미술관에 가보고 싶어.
B：가이드북에서 보면 월요일은 휴관인 것 같아.

❸ A：昼寝しすぎると、体に悪いって聞いたけど？

B：最近の調査によれば、短い昼寝は体にいいとされているらしいよ。

A : 낮잠을 너무 많이 자면 건강에 좋지 않다고 들었는데?

B : 최근 조사에 따르면 짧은 낮잠은 건강에 좋다는 것 같아.

2 ～ないことはない／～ないこともない –할 수 없는 것은 아니다

明日は休みだから、行けないことはないんだけど…。

내일은 휴일이니까 못 가는 건 아니지만….

동(ない형)ない/い형어간くない/な형어간でない/
명でない＋ことはない／こともない

- '~라는 가능성이 있을지도 모른다'는 의미이다.
- 약간의 가능성이 있다는 것을 소극적으로 인정하는 표현이다.

예문

❶ A：サイズはどう？

B：ちょっと大きいけど、着れないこともないかな。

A : 사이즈는 어때?

B : 조금 크지만 못 입을 정도는 아니야.

❷ A：おいしかった？

B：うーん。おいしくないことはないけど、また食べたいとも思わないかも。

A : 맛있었어?

B : 음. 맛이 없지는 않은데 또 먹고 싶은 정도는 아닌 것 같아.

❸ A：このスケジュールじゃ、絶対無理だよね。

B：うーん。人を増やせば、できないこともないんじゃない？

A : 이 스케줄이면 절대로 못하지?

B : 음. 사람을 늘리면 못할 것도 아니잖아?

3 ～としたって　-한다고 해도

行ったとしたって、足手まといになるだけだと思うよ。

간다고 해도 방해만 될거야.

> 동(보통형)/い형(보통형)/な형(보통형)/명(보통형)＋としたって
>
> - '만약·가령 ~이라고 해도'라는 의미이다.
> - 선행절에서 언급한 내용이 사실이거나 실현되었다고 하더라도 화자의 생각이 변하지 않음을 나타낸다.
> - 후행절에는 선행절에서 언급한 내용을 부정하는 내용이 오는 경우가 많다.

예문

❶ A：ソウルからプサンって、ＫＴＸで一時間ぐらい？

B：えっ、まさか。飛行機で行ったとしたって、一時間はかかるよ。

A : 서울에서 부산은 KTX로 1시간 정도 걸려?

B : 무슨. 비행기로 간다고 해도 1시간은 걸려.

❷ A：バイト代、もらえるのかな？

B：うーん。くれるとしたって、おこづかい程度じゃない？

A : 알바비 받을 수 있을까?

B : 음. 준다고 해도 용돈 정도 아닐까?

❸ A : 石井(いしい)さんちで、パーティーしようよ。

B : いいよ。でも部屋(へや)が狭(せま)いから、呼(よ)べるとしたって、二(に)、三人(さんにん)だよ。

A : 이시이 씨 집에서 파티하자.

B : 좋아. 근데 집이 좁아서 초대한다 해도 두세 명 정도야.

4 ～てこのかた／～(て)いらい -이후/-이래

私(わたし)、つりなんて生(う)まれてこのかた一度(いちど)もやったことないんだけど。

난 낚시는 태어나서 한 번도 해본 적이 없는데.

동(て형)+このかた

동(て형)/명+いらい

- '어떤 시점으로부터 지금에 이르기까지 계속'이라는 의미이다.
- 사건이나 시기·기간을 나타내는 명사 및 동사와 함께 사용한다.
- 후행절에서는 동작이나 상태가 지속되고 있음을 나타낸다.
- '～以来(いらい)'는 자주 사용하는 표현이지만 '～てこのかた'는 약간 딱딱한 표현이다.

예문

❶ A : 今度(こんど)の休(やす)み、ハワイに行(い)くんですよ。

B : へえ。うらやましい。生(う)まれてこのかた、ハワイなんて一度(いちど)も行(い)ったことがないよ。

A : 이번 휴가에 하와이에 가기로 했어요.

B : 와, 부럽다. 하와이는 태어나서 한 번도 간 적이 없어.

❷ A：久(ひさ)しぶり。何年(なんねん)ぶりだろう？

B：学校(がっこう)を卒業(そつぎょう)して以来(いらい)だから、二十年(にじゅうねん)ぶりじゃない？

A : 오랜만이야. 몇 년 만이지?

B : 학교 졸업한 이후로 처음이니까 20년 만이지?

❸ A：えっ、このバンドが好(す)きなの？

B：うん。大学生(だいがくせい)の時(とき)にファンになって以来(いらい)ずっと好(す)きなんだ。

A : 어, 이 밴드를 좋아해?

B : 응. 대학생 때 팬이 된 이후로 계속 좋아했어.

연습문제

❶ 医者の診断(　　　　　　)、インフルエンザではないという。

❷ 今すぐ出発すれば間に合わ(　　　　　　)。

❸ ごまかそう(　　　　　　)ダメだよ。

❹ 生まれ(　　　　　　)、一度も嘘をついたことがない。

정답

❶ によれば(의사의 진단에 따르면 독감은 아니라고 한다.)

❷ ないこともない(지금 당장 출발하면 시간에 대지 못할 것도 아니다.)

❸ としたって(얼버무리려고 해도 소용없어.)

❹ てこのかた(태어나서 한 번도 거짓말을 한 적이 없다.)

Lesson 11 낚시

02. 시마다 씨는 낚시가 취미였죠?

青木　島田さんって、つりが趣味なんですよね？私のような初心者がやるとしたら、東京湾と江戸川のどっちがおすすめですか。

島田　うーん。そうだね。東京湾だったら、いろんな魚がつれるから、初心者でも楽しめる反面、船なんかに乗ったりすると、結構お金がかかるんだよね。

青木　じゃあ、江戸川の方が、安くすむということですよね？

島田　うん。ただ江戸川は、つれる魚が少ないから、あまりおすすめとは言いがたいかも。

青木　そうなんですか。じゃあ、まずは東京湾でつりをしてみるのがいいですね。

島田　うん。それがいいんじゃない？海の魚は食べられる魚も多いし。

아오키 시마다 씨는 낚시가 취미였죠? 저 같은 초보자가 한다면 도쿄만(東京湾)과 에도강(江戸川) 중에 어디를 추천하시겠어요?

시마다 음. 글쎄. 도쿄만이면 다양한 어종이 잡히니까 초보자도 즐길 수 있는 반면, 배를 타거나 하면 돈이 꽤 들어.

아오키 그럼 에도강이 싸게 치인다는 거죠?

시마다 응. 다만 에도강은 잡히는 고기가 적어서 별로 추천할 만한 장소가 아닐지도 몰라.

아오키 그렇군요. 그럼 우선 도쿄만에서 낚시를 해보는 것이 좋겠네요.

시마다 응. 그게 좋을 것 같네. 바다낚시 어종은 먹을 수 있는 것도 많고.

어휘

初心者(しょしんしゃ)	(명)초보자
東京湾(とうきょうわん)	(명)도쿄만
おすすめ	(명)추천
いろんな	(연체)여러 가지
楽(たの)しむ	(동)즐기다
～なんか	(부조)따위
すむ	(동)해결되다
ただ	(접)다만, 단

주요문형

1 ～としたら　-라고 한다면

私のような初心者がやるとしたら、海づりと川づり、どちらがおすすめですか。

저 같은 초보자가 한다면 바다낚시와 민물낚시 중에 어느 쪽을 추천하시겠어요?

동(보통형)/い형(보통형)/な형(보통형)/명(보통형)+としたら

- '~인 것이 사실이라 가정하면' '~라는 것을 전제로 한다면'이라는 의미이다.
- 후행절에는 판단·의지·평가를 나타내는 표현이 온다.
- '(そう)だとしたら(그것이 사실이라면)'라는 표현도 자주 사용한다.

예문

❶ A：明日は、来れそう？

B：うん。行けるとしたら、八時過ぎになると思う。

A：내일은 올 수 있을 것 같아?

B：응. 갈 수 있다면 8시 넘어서가 될 거야.

❷ A：事故にあったって本当？

B：うん。人をよけようとしたら、電柱にぶつかっちゃったんだ。

A：사고 났다는 게 정말이야?

B：응. 사람을 피하려다가 전봇대에 부딪히고 말았어.

❸ A：先輩、ものすごく怒ってたね。

B：僕が怒らせたんだったとしたら、どうしよう…。

A：선배 엄청 화난 것 같았어.

B：내가 화나게 한 거라면 어쩌지….

2 ～はんめん　-인 반면

海づりは、初心者でも楽しめる反面、船に乗ったりすると、結構お金がかかるんだよね。

바다낚시는 초보자도 즐길 수 있는 반면, 배를 타거나 하면 돈이 꽤 들어.

동(보통형)/い형(보통형)/な형어간な/な형어간である/な형어간だった/명である/명だった＋はんめん

- 대립하는 두 가지 측면이 있다는 것을 나타낼 때 사용한다.
- 선행절에서 어떤 것에 대해 말하고 후행절에서는 그와는 다른 것에 대해 서술한다.
- 비슷한 표현으로 '**～いっぽうで**(~인 한편)'가 있다.
- '**～いっぽうで**(~인 한편)'는 같은 일의 두 가지 측면에 대해 거론할 때도 사용할 수 있지만 '**～はんめん**'은 두 가지 측면이 대립하는 관계가 아니면 사용할 수 없다.

예문

1. A：えっ、広い部屋に引っ越ししたの？
   B：うん。でも広くなった反面、そうじも大変になっちゃった。
   A：어, 넓은 집으로 이사했어?
   B：응. 근데 넓어진 반면, 청소도 힘들어졌어.

2. A：妹さん、結婚することになったんだって？おめでとう。
   B：ありがとう。でも、うれしい反面、ちょっとさびしくもあるんだ。
   A：여동생이 결혼하게 됐다면서? 축하해.
   B：고마워. 하지만 기쁘긴 한데 좀 서운하기도 해.

③ A：クレジットカードってさ、ほんと便利だよね。

B：でも便利な反面、ついつい使いすぎちゃうんだよね。

A : 신용카드란 정말 편리하네.

B : 근데 편리한 반면에 무심코 너무 많이 쓰게 돼.

3 ～ということだ　-라는 것이다

じゃあ、川づりの方が、安くすむということですよね。

그럼 민물낚시가 싸게 치인다는 거죠?

문장/어구＋ということだ

- '～そうだ(~라고 한다)' '～と聞いている(~라고 들었다)'라는 의미로 듣거나 읽은 내용을 전달할 때 사용한다.
- 이야기의 내용을 요약할 때도 사용한다.

예문

① A：最近、流行にあんまり関心がなくなっちゃって。

B：まあ、年を取ったっていうことだよね。

A : 요즘 유행에 별로 관심이 없어졌어.

B : 뭐, 나이를 먹었다는 뜻이야.

② A：河野さん、足を骨折しちゃったんだって。

B：えっ、そうなの？じゃあ河野さんは来られないってことだよね。

A : 고노 씨, 다리가 골절됐다고 하던데.

B : 어, 그래? 그럼 고노 씨는 못 온다는 거네.

❸ A : これじゃ、ダメだって?

B : はい。これだと、サイズが小(ちい)さ過(す)ぎるということでした。

A : 이걸로는 안 된대?

B : 네. 이건 사이즈가 너무 작다고 하네요.

4 ～がたい　-하기 어렵다

江戸川(えどがわ)は、つれる魚(さかな)が少(すく)ないから、おすすめとは言(い)いがたい。

에도강은 잡히는 고기가 적어서 추천할 만한 장소라고 말하기 어렵다.

동(ます형)+がたい

- '~하려고 해도 ~하는 것이 매우 어렵다'라는 의미이다.
- 물리적으로 불가능할 때는 사용할 수 없고 심리적으로 불가능할 때만 사용할 수 있다.

예

言(い)いがたい	말하기 어렵다
得(え)がたい	얻기 어렵다/귀중하다
動(うご)かしがたい	의심의 여지가 없다/틀림없다
抑(おさ)え難(がた)い	억제하기 어렵다
甲乙(こうおつ)つけがたい	우열을 가리기 어렵다
信(しん)じがたい	믿기 어렵다
許(ゆる)しがたい	용서하기 어렵다
理解(りかい)しがたい	이해하기 어렵다
忘(わす)れがたい	잊지 못하다

예문

❶ A：どっちにする？

B：うーん。どっちも捨(す)てがたいな。

A : 어느 쪽으로 할래?

B : 음. 둘 다 포기하기 어렵네.

❷ A：吉田(よしだ)さんって、ちょっとこわくない？

B：分(わ)かる。ちょっと近寄(ちかよ)りがたいよね。

A : 요시다 씨는 좀 무섭지 않아?

B : 맞아. 좀 다가가기가 어렵지.

❸ A：どっちの作品(さくひん)がいいと思(おも)う？

B：うーん。どちらの作品(さくひん)も、甲乙(こうおつ)つけがたいな。

A : 어느 작품이 좋은 것 같아?

B : 음. 두 작품 다 우열을 가리기가 어렵네.

연습문제

❶ このサイダーは、なんとも言い(　　　　　　)味だった。

❷ その話が本当だ(　　　　　　)、大変なことになるだろう。

❸ 今日の飲み会には、丸山さんも来る(　　　　　　)。

❹ この素材は、水に強い(　　　　　　)、熱に弱い。

정답

❶ がたい(이 사이다는 뭐라고 말하기 어려운 맛이었다.)

❷ としたら(그 이야기가 정말이라면 큰 문제가 될 것이다.)

❸ ということだ(오늘 회식에는 마루야마 씨도 온다고 한다.)

❹ 反面(이 소재는 물에 강한 반면 열에 약하다.)

Lesson 11 낚시

03. 쏘가리는 많이 잡았어?

青木(あおき)　ねえねえ。これって、韓国(かんこく)に行(い)ったときの写真(しゃしん)？

井上(いのうえ)　そうそう。彼氏(かれし)が韓国(かんこく)にしか生息(せいそく)していないコウライケツギョっていう魚(さかな)をつりに行(い)きたいっていうから一緒(いっしょ)に行(い)ってきたんだ。

青木(あおき)　へえ。で、たくさんつれた？

井上(いのうえ)　いや、それがさ、習性(しゅうせい)とかがよく分(わ)からないから、なかなかつるのが難(むずか)しかったみたい。

青木(あおき)　へえ。やっぱりよく知(し)らない魚(さかな)は、つるのが難(むずか)しいのか。

井上(いのうえ)　うん。そうらしいよ。でもつり好(ず)きな彼(かれ)のことだから、当然(とうぜん)のごとくまたつりしに行(い)くんじゃないかな。

青木(あおき)　つれるまでは、何度(なんど)もチャレンジするってわけか。

井上(いのうえ)　うん。多分(たぶん)ね。

아오키 있잖아. 이거 한국에 갔을 때 사진이야?

이노우에 맞아. 남자친구가 한국에만 서식하는 쏘가리라는 물고기를 잡으러 가고 싶다고 해서 같이 갔다왔어.

아오키 아. 그래서 많이 잡았어?

이노우에 아니, 그게 습성 같은 걸 잘 모르니까 좀처럼 잡기가 어려웠던 것 같아.

아오키 아. 역시 잘 모르는 물고기는 잡기가 어렵군.

이노우에 응. 그렇대. 하지만 낚시를 좋아하는 친구니까 또 낚시하러 가겠지.

아오키 낚을 때까지 몇번이고 도전한다는 거구나.

이노우에 응. 아마도.

어휘

ねえねえ	(감)저기, 있잖아 상대에게 말을 걸어서 주의를 기울이게 할 때 사용한다.
生息(せいそく)	(명/スル)서식
コウライケツギョ	(명)쏘가리
習性(しゅうせい)	(명)습성
なかなか	(부)좀처럼
当然(とうぜん)	(명/な형)당연
チャレンジ(challenge)	(명/スル)챌린지, 도전

주요문형

1 ～のことだから　-이니까

でもつり好きな彼のことだから、またつりしに行くんじゃないかな。

하지만 낚시를 좋아하는 친구니까 또 낚시하러 가겠지.

명の + ことだから

- 사람이나 조직을 나타내는 말과 함께 사용하며 '다른 누구도 아닌 그 사람이기 때문에 ~일 것이다'라는 의미를 나타낸다.
- '**～だろう**(~일 것이다)' '**～に違いない**(~임에 틀림없다)'와 같은 표현과 함께 사용한다.

예문

① A：あれ、まだ竹内さん来てないの？

B：竹内さんのことだから、きっと遅刻して来ると思うよ。

A：어, 다케우치 씨는 아직 안 왔어?

B：다케우치 씨니까 분명 늦게 올거야.

② A：谷口さん、一人で大丈夫かな？

B：しっかり者の谷口さんのことだから、うまくやってるんじゃない？

A：다니구치 씨는 혼자서 괜찮을까?

B：다니구치 씨는 착실한 사람이니까 잘 하고 있지 않을까?

③ A : 岡田さんが、許してくれなかったらどうしよう。

B : 岡田さんのことだから、すぐに許してくれると思うよ。

A : 오카다 씨가 용서해주지 않으면 어쩌지.

B : 오카다 씨니까 금방 용서해줄 거야.

2 ～のごとく　-처럼/-듯이

当然のごとくまたつりしに行くんじゃないかな。

당연히 또 낚시하러 가겠지.

명+のごとく

- 조동사 '～ごとし'의 활용형이며 용언을 꾸민다.
- '～ごとし'는 '～ようだ(~인 것 같다)'와 같은 의미이다.
- 속담이나 관용 표현에서 자주 사용한다.

예문

① A : あれ、森田さんは？

B : 風のごとくあらわれ、風のごとく去って行ったよ。

A : 어, 모리타 씨는?

B : 바람처럼 나타나서 바람처럼 가버렸어.

② A : この女の子、バレリーナなんですか？

B : うん。すい星のごとく現れた少女って紹介されてたよ。

A : 이 여자아이는 발레리나였어요?

B : 응. 혜성처럼 나타난 소녀라고 소개됐어.

❸ A：お金が、なかなかたまらないの。

B：湯水のごとく、使ってたら、たまらないよ。

A : 돈이 좀처럼 모이질 않네.

B : 물쓰듯 하면 모이지 않지.

3 ～ってわけだ／～っていうわけだ／～というわけだ

-라는 것이다

つれるまでは、何度もチャレンジするってわけか。

낚을 때까지 몇번이고 도전한다는 거구나.

동(보통형)/い형(보통형)/な형(보통형)/명(보통형)/명＋ってわけだ／っていうわけだ／というわけだ

- 대화 상대의 발언을 되풀이하거나 확인하고 싶을 때 사용한다.

예문

❶ A：中山さん、みんなに電話をかけて、投票をお願いしてるみたい。

B：ああ、それで、私のところにも電話が来たというわけか。

A : 나카야마 씨가 모두에게 전화 걸어서 투표를 부탁하는 것 같아.

B : 아, 그래서 나한테도 전화가 온 거구나.

❷ A：一学期は十五週で、中間テストと期末テストがあるんだ。

B：そっか。ということは、授業は十三週しかないっていうわけね。

A : 한 학기는 15주이고 중간시험과 기말시험이 있어.

B : 그렇구나. 그럼 수업은 13주밖에 없다는 거네.

❸ A : 安藤(あんどう)さんは、金曜日(きんようび)、友達(ともだち)と出(で)かけていたらしいんだ。

B : ということは、安藤(あんどう)さんにはアリバイがあるというわけか。

A : 안도 씨는 금요일에 친구와 외출했었다는 것 같아.

B : 그렇다면 안도 씨에게는 알리바이가 있는 거네.

연습문제

❶ 彼の父親は私の母の弟だ。
つまり彼と私はいとこ同士(　　　　　　)。

❷ 十年前のことが、今さら(　　　　　　)思い出される。

❸ 大塚さん(　　　　　　)、きっと元気に暮らしているだろう。

정답

❶ というわけだ(그의 아버지는 내 어머니의 남동생이다. 즉 그와 나는 사촌 사이라는 뜻이다.)

❷ のごとく(10년 전의 일이 새삼스레 떠오른다.)

❸ のことだから(오츠카 씨니까 분명 건강하게 잘 살고 있을 것이다.)

Quiz

❶ 魚などがたくさんとれることを何というでしょうか。

물고기가 많이 잡히는 것을 뭐라고 할까요?

❷ 手に入らなかったものは、惜しいという気持ちのせいで、実際より価値があるように思われるという意味のことわざを何というでしょうか。

손에 넣지 못한 것은 아깝다는 마음 때문에 실제보다 가치가 더 있는 것처럼 생각하게 된다는 의미의 속담을 뭐라고 할까요?

❸ わずかな労力で、多くの利益を得ることを何というでしょうか。

약간의 노력으로 많은 이익을 얻는 것을 뭐라고 할까요?

❹ 成長するにつれて、名前が変わる魚のことを何というでしょうか。

자라면서 이름이 바뀌는 물고기를 뭐라고 할까요?

❺ 恋人になる前、結婚する前は、あらゆる手をつくして相手の気を引こうとしたのにもかかわらず、恋人になったり、結婚すると、相手への思いやりを見せなくなることを何というでしょうか。

애인이 되기 전, 결혼하기 전에는 갖은 수단을 다 써서 상대의 마음을 끌려고 하지만 애인이 되거나 결혼을 하면 상대에 대한 배려를 하지 않게 된다는 것을 뭐라고 할까요?

정답

❶ 「大漁(풍어)」라고 합니다.

❷ 「逃がした魚は大きい(놓친 고기가 더 커 보인다)」라고 합니다.

❸ 「海老で鯛を釣る(새우로 도미를 낚는다)」라고 하는데 줄여서 「海老鯛」라고도 합니다.

❹ 「出世魚(출세어)」라고 합니다.

❺ 「釣った魚に餌はやらない(잡은 물고기에게는 먹이를 주지 않는다)」라고 합니다.

Lesson 12 달리기

01. 어떤 계기로 육상을 하게 됐어?

中野　島田さんは、何がきっかけで走るようになったの？

島田　中学の頃、野球部だったにもかかわらず、陸上部の試合に助っ人としてかり出されたりしてたんですよ。

中野　へえ、そうなんだ。

島田　それで、ある時、優勝しちゃったんです。そしたら陸上部に来ないかって誘われて。

中野　それはすごいね。

島田　野球を続けようか悩んでいたところにそんな話が来たもんだから、そのまま陸上部に入っちゃったんです。

中野　でも、スカウトされただけのことはあるよ。今も大会に出るたびに、入賞してるもんね。

島田　いや、そんなことないですよ。

나카노　시마다 씨는 어떤 계기로 육상을 하게 됐어?

시마다　중학교 시절에 야구부인데도 불구하고 육상부 경기에 차출되곤 했거든요.

나카노　와, 그렇구나.

시마다　그러다 어느 날 우승을 하게 됐어요. 그랬더니 육상부에 오라고 권유를 받았어요.

나카노　그건 굉장하네.

시마다　야구를 계속할까 고민하던 참에 그런 얘기가 나와서 그냥 육상부에 들어가 버렸어요.

나카노　그런데 스카우트될 만하네. 지금도 대회에 나갈 때마다 상을 받고 있으니까.

시마다　아니, 그 정도는 아니에요.

어휘

きっかけ	(명)계기
助っ人(すけっと)	(명)조력자, 일을 돕는 사람
かり出す(だ)	(동)동원하다, 차출하다
陸上(りくじょう)	(명)육상
悩む(なや)	(동)고민하다, 괴로워하다
スカウト(scout)	(명/スル)스카우트
入賞(にゅうしょう)	(명/スル)입상

주요문형

1 ～にもかかわらず　-에도 불구하고/-인데도

野球部(やきゅうぶ)だったにもかかわらず、陸上部(りくじょうぶ)の試合(しあい)にかり出(だ)されたりしてたんですよ。

야구부인데도 불구하고 육상부 경기에 차출되곤 했거든요.

동(보통형)/い형(보통형)/な형어간な/な형어간である/な형어간だった/명(である)/명だった＋にもかかわらず

- '～(な)のに(~인데도)'라는 의미로 뒤에는 예상했던 것과 반대되는 결과가 온다.
- '～のにもかかわらず'의 형태가 되는 경우도 있다.

예문

❶ A：福田(ふくだ)さんに会(あ)えたの？

B：うん。仕事中(しごとちゅう)にもかかわらず、わざわざ会(あ)いに来(き)てくれたんだ。

A：후쿠다 씨 만났어?

B：응. 근무 시간인데도 불구하고 일부러 만나러 와 주었어.

❷ A：遅刻(ちこく)しなかった？

B：うん。週末(しゅうまつ)にもかかわらず、あんまり道(みち)が混(こ)んでなかったの。

A：지각하지 않았어?

B：응. 주말인데도 길이 별로 막히지 않았어.

❸ A：内田さん、何の仕事してるって？

B：話すのが苦手なのにもかかわらず、営業をやってるらしいよ。

A : 우치다 씨는 무슨 일 한대?

B : 말재주가 없는데도 영업을 하는 것 같아.

2 ～ところ(に／へ) -하려는 참(에)

野球を続けようか悩んでいたところにそんな話が来たもんだから、そのまま陸上部に入っちゃったんです。

야구를 계속할까 고민하던 참에 그런 얘기가 나와서 그냥 육상부에 들어가 버렸어요.

동(て형)＋いるところ(に／へ)
동(た형)＋ところ(に／へ)

- '~를 하고 있던 딱 그때'라는 의미로 뒤에는 지금까지의 상황을 바꾸는 내용이 온다.

예문

❶ A：それで、荷物は受け取れたの？

B：うん。ちょうど家を出ようとしてたところに、届いたの。

A : 그래서 택배는 잘 받았어?

B : 응. 마침 집을 나서려는 참에 도착했어.

❷ A：えっ、今日寝てないの？

B：うん。そろそろ寝ようかなって思ってたところに、仕事の電話が入っちゃって。

A : 어, 오늘 못 잤어?

B : 응. 슬슬 자야겠다고 생각했을 때 업무 전화가 와서 (못 잤어).

❸ A：えっ、転職したの？

B：うん。前の会社を、やめようか悩んでたところへ、今の会社で働かないかっていう話が来てさ。

A : 어? 이직했어?

B : 응. 전 회사를 그만둘까 고민하던 참에 지금 회사에서 일하지 않겠냐는 제의가 왔어.

3 ～だけのことはある -라고 할 만하다

でも、スカウトされただけのことはあるよ。

그런데 스카우트될 만하네.

동(보통형)/い형(보통형)/な형어간な/な형어간である/な형어간だった/명(である)/명だった＋だけのことはある

- ‘Aだけのことはある’는 ‘A에 걸맞다’라는 의미다.
- ‘さすが(역시)’ ‘やっぱり(역시)’ 같은 부사와 함께 사용하며 감탄을 나타낸다.
- ‘Aだけあって(A에 걸맞게)’의 형태로도 사용한다.

예 さすがプロの仕事というだけあって、見事な出来栄えだ。
역시 프로가 한 만큼 매우 완성도가 높다.

예문

❶ A：この人、本当にダンスがうまいよね。

B：うん。子どもの頃から習っていたというだけのことはあるよね。

A : 이 사람, 정말 춤을 잘 추더라.

B : 응. 어릴 적부터 배웠다고 하니 역시 잘 추지.

❷ A：このワイン、おいしいね。

B：うん。高級ワインというだけのことはあるよね。

A : 이 와인 맛있네.

B : 응. 역시 고급 와인이라 다르네.

❸ A：杉本さんって、ほんとに英語が上手だよね。

B：うん。さすがイギリスに留学していただけのことはあるよね。

A : 스기모토 씨는 정말 영어를 잘하지.

B : 응. 역시 영국에 유학했다고 할 만하네.

4 ～たび(に) -때마다

今も大会に出るたびに、入賞してるもんね。

지금도 대회에 나갈 때마다 상을 받고 있으니까.

동(기본형)/명の＋たび(に)

- '~할 때마다'라는 의미이다.
- 'AたびにB'는 A가 반복적으로 일어날 때마다 B도 함께 일어난다는 것을 나타낸다.

예문

❶ A：今日のライブどうでした？

B：見るたび、ギターがうまくなってる気がする。

A : 오늘 공연 어땠어요?

B : 볼 때마다 기타 실력이 느는 것 같아.

❷ A : すごい荷物(にもつ)ですね。

B : 引(ひ)っ越(こ)しのたびに、荷物(にもつ)が増(ふ)えちゃって。

A : 짐이 굉장히 많네요.

B : 이사를 할 때마다 짐이 늘어나서 말이야.

❸ A : この曲(きょく)好(す)きなんですか？

B : うん。この曲(きょく)を聞(き)くたびに、昔(むかし)を思(おも)い出(だ)すんだよね。

A : 이 곡을 좋아하세요?

B : 응. 이 곡을 들을 때마다 옛날 생각이 나거든.

연습문제

1. みんながおいしいという(　　　　　　　)。

2. シャンプーをする(　　　　　　　)、髪(かみ)の毛(け)が抜(ぬ)ける。

3. うとうとと居眠(いねむ)りしている(　　　　　　　)、仕事(しごと)の電話(でんわ)がかかってきた。

4. 校則(こうそく)で禁止(きんし)されている(　　　　　　　)、アルバイトをしている学生(がくせい)は多(おお)い。

정답

1. だけのことはある(모두가 맛있다고 할 만하다.)
2. たびに(머리를 감을 때마다 머리카락이 빠진다.)
3. ところへ(꾸벅꾸벅 졸고 있을 때 업무 전화가 왔다.)
4. にもかかわらず(교칙에 금지되어 있음에도 불구하고 아르바이트를 하는 학생이 많다.)

Lesson 12 달리기

02. 마라톤에 도전하려고 해요

青木(あおき)　私(わたし)、今年(ことし)こそ、フルマラソンに挑戦(ちょうせん)しようと思(おも)っているんですよ。

中野(なかの)　えっ、突然(とつぜん)フルマラソンだなんて、大丈夫(だいじょうぶ)なの？走(はし)るにしても、まずはハーフマラソンから始(はじ)めた方(ほう)がいいと思(おも)うけど。

青木(あおき)　それが、みんなの前(まえ)でフルマラソンに挑戦(ちょうせん)すると宣言(せんげん)しちゃった手前(てまえ)、今(いま)さらハーフマラソンにしますとは言(い)えなくなっちゃって。

中野(なかの)　それは、困(こま)ったね。フルマラソンって、かなりハードだっていうけど、覚悟(かくご)はできてる？

青木(あおき)　はい。走(はし)る限(かぎ)りは、完走(かんそう)するつもりです。

中野(なかの)　そう。だったら、まずは、島田(しまだ)くんにアドバイスをしてもらうといいかも。

아오키　저는 올해야말로 마라톤 풀코스에 도전하려고 생각하고 있어요.

나카노　아니, 갑자기 마라톤 풀코스라니 괜찮겠어? 한다고 하더라도 우선 하프마라톤부터 시작하는 편이 좋을 것 같은데.

아오키　그게, 사람들 앞에서 풀코스 마라톤에 도전하겠다고 선언한 이상, 이제 와서 하프마라톤으로 하겠다고 할 수가 없어서요.

나카노　그거 참 난처해졌네. 풀코스 마라톤은 상당히 힘들다고 하는데 각오는 된 거야?

아오키　네. 도전하는 이상, 완주할 생각이에요.

나카노　그래. 그렇다면 우선 시마다 군에게 조언을 받으면 좋을 거야.

어휘

フルマラソン(full+marathon)	(명)마라톤 풀코스 일본식 영어이다.
挑戦(ちょうせん)	(명/スル)도전
突然(とつぜん)	(부)갑자기
ハーフマラソン(half marathon)	(명)하프마라톤
宣言(せんげん)	(명/スル)선언
今(いま)さら	(부)이제 와서
困(こま)る	(동)난처해지다
ハード(hard)	(명/な형)하드, 고되다
覚悟(かくご)	(명/スル)각오
完走(かんそう)	(명/スル)완주

주요문형

1 ～こそ　-야말로/-니까

私(わたし)、今年(ことし)こそ、フルマラソンに挑戦(ちょうせん)しようと思(おも)っているんですよ。

저는 올해야말로 마라톤 풀코스에 도전하려고 생각하고 있어요.

명(+조사)+こそ

- 명사 혹은 지시대명사인 '**これ**(이것)' '**それ**(그것)' '**あれ**(저것)' 등과 접속한다.
- 앞에 오는 것을 강조하는 표현이다.

예문

❶ A：また部長(ぶちょう)にしかられちゃったんです。

B：まあ、太田(おおた)さんのことを思(おも)ってるからこそ、しかるんだと思(おも)うよ。

A：부장님께 또 꾸중을 들었어요.

B：뭐, 오타 씨를 생각하니까 꾸중하시는 거야.

❷ A：今回(こんかい)は、本当(ほんとう)にすみませんでした。

B：いや、私(わたし)の方(ほう)こそ、気(き)がつかなくてごめんね。

A：이번에는 정말 죄송했습니다.

B：아니, 나야말로 신경을 못 써서 미안했어.

❸ A：えっ、まだ休みを取ってないんですか。

B：そうなの。来月こそは取ろうと思ってるんだけど…。

A：어? 아직 휴가를 못 갔어요?

B：그렇다니까. 다음달에는 꼭 가고 싶은데….

2 ～にしても –라고 하더라도

走るにしても、まずはハーフマラソンから始めた方がいいと思うけど。

한다고 하더라도 우선 하프마라톤부터 시작하는 편이 좋을 것 같은데.

동(보통형)/い형(보통형)/な형어간である/명(である)＋にしても

- '仮に～としても(설령 ~라고 해도)' '仮に～の場合も(설령 ~의 경우도)'라는 의미이다.
- 선행절의 내용을 감안한다 하더라도 달라질 것은 없다고 말할 때 사용한다.
- 의문사와 함께 사용하는 경우도 있다.

예 どちらを選ぶにしても、じっくり考えた方がいい。
어느 쪽을 선택하더라도 차분히 생각하는 편이 좋다.

- 'それにしても'라는 표현도 사용한다.

예 遅れるとは言っていたけれど、それにしても、遅いなあ。
늦는다고 했지만 그렇다고 해도 너무 늦네.

예문

❶ A：マンションってそんなに高いんですか。

B：うん。中古で買うにしても、借金をしない限りは難しいんじゃない？

A：아파트가 그렇게 비싸요?

B：응. 기존 아파트를 산다 하더라도 대출을 받지 않는 한 어렵지 않을까?

❷ A：結局、横山さんから、連絡なかったんですよ。

B：忙しいにしても、電話の一本ぐらいくれればいいのにね。

A : 결국 요코야마 씨에게 연락이 없었어요.

B : 바쁘더라도 전화 한 통 정도는 해주면 좋을 텐데.

❸ A：このチーム、優勝を目指してるらしいんですよ。

B：まあ、優勝は無理にしても、準優勝ぐらいなら、できるかもよ。

A : 이 팀은 우승을 목표로 하고 있는 것 같아요.

B : 뭐, 우승은 어렵더라도 준우승 정도는 가능할지도 몰라.

3 ～てまえ　-한 체면상/-한 이상

フルマラソンに挑戦すると宣言しちゃった手前、今さらハーフマラソンにしますとは言えない。

풀코스 마라톤에 도전하겠다고 선언한 이상, 이제 와서 하프마라톤으로 하겠다고 할 수가 없다.

동(기본형)/동(た형) + てまえ

- '전에 했던 말이나 행동 때문에 그렇게 할 수밖에 없게 되었다'는 의미이다.
- 후행절에서는 '～ないわけにはいかない(~하지 않을 수 없다)'와 같은 표현을 사용한다.

예문

❶ A：えっ、あのバイトやることにしたの？

B：はい。一度やると言った手前、今さらできないとは言えなくって。

A：어? 그 알바 하기로 했어?

B：네. 한번 하겠다고 한 이상 이제 와서 못 하겠다고 말할 수 없어서요.

❷ A：えっ、それなら断ればいいじゃん。

B：それが、こちらからお願いした手前、断るわけにはいかなくって。

A：어, 그런 거라면 거절하면 되잖아.

B：그게, 이쪽에서 부탁한 체면상 거절할 수가 없어서요.

❸ A：そんなに大変なんだったら、やめればいいじゃん。

B：それが、先生に紹介してもらった手前、続けざるをえないんです。

A：그렇게 힘들면 그만두면 좋을 텐데.

B：그게, 선생님께 소개를 받아서 계속할 수밖에 없어요.

4 ～かぎり(は) -하는 한

走る限りは、完走するつもりです。

도전하는 이상, 완주할 생각이에요.

동(기본형)/동(て형)いる/い형(기본형)/な형어간な/な형어간である/명の/명である＋かぎり(は)

- '~의 상태가 계속되는 동안은'이라는 의미이다.
- 상태를 나타내는 말과 함께 사용한다.

예문

1. A：会社員って、つらいですね。
   B：うん。お金をもらっている限りは、会社のいうことを聞かないといけないからね。
   A : 회사원은 힘드네요.
   B : 응. 월급을 받는 한 회사의 말을 들어야 하니까.

2. A：もう会社やめたいな。
   B：そんな弱音をはいている限り、まだ一人前とはいえないな。
   A : 정말 회사 그만두고 싶어.
   B : 그렇게 약한 소리 하고 있는 한 아직 제몫을 한다고는 할 수 없겠어.

3. A：バイトの子、また辞めちゃったんですか？
   B：うん。今の店長がいる限り、やめる人は後をたたないんじゃないかな。
   A : 알바생 또 그만뒀어요?
   B : 응. 지금 점장이 있는 한 그만두는 사람이 끊이지 않을 거야.

연습문제

❶ 健康である(　　　　　)は、働き続けるつもりです。

❷ まかせて下さいと言った(　　　　　)、今さらできないとは言えない。

❸ 遅れるとは電話があったが、それ(　　　　　)、遅すぎる。

❹ 彼(　　　　　)が、十年に一度の逸材だ。

정답

❶ 限り(건강한 이상 계속 일할 생각입니다.)

❷ 手前(나에게 맡겨달라고 한 체면상 이제 와서 못 한다고 할 수는 없다.)

❸ にしても(늦겠다는 전화가 왔었지만 그렇다고 해도 너무 늦다.)

❹ こそ(그야말로 십 년에 한 번 나올까 말까 한 뛰어난 인재이다.)

Lesson 12 달리기

03. 마라톤을 완주했다면서?

井上　フルマラソン完走したんだって？

青木　うん。最初からあんまり飛ばしちゃ駄目だって聞いてたから、ペース配分に気をつかってたら、そのせいで五時間半もかかっちゃったんだけどね。

井上　へえ、でもすごいじゃん。初マラソンで完走するのって結構難しいって聞いたよ。

青木　いや、自分でもまさか初マラソンを完走できるとは思ってもみなかったよ。

井上　また大会に出る予定はあるの？

青木　うん。走り終わった後すぐはもう二度と走るまいと思ったんだけど、なんかまた走りたくなっちゃった。

이노우에　마라톤 풀코스를 완주했다면서?

아오키　응. 처음부터 너무 달리면 안 된다고 들어서 페이스 조절에 신경을 썼더니 그 탓에 5시간 반이나 걸렸지만 말이야.

이노우에　와, 그래도 대단하네. 첫 마라톤에서 완주하는 건 꽤 힘들다고 들었어.

아오키　그게, 나도 설마 첫 마라톤에서 완주하리라고는 생각도 못해봤어.

이노우에　또 대회에 나갈 예정이야?

아오키　응. 완주하고 난 직후에는 이제 두 번 다시는 하지 말아야지 생각했는데 또 달리고 싶어졌어.

어휘

完走(かんそう)	(명/スル)완주
飛(と)ばす	(동)빨리 몰다, 나는 듯이 달리다
駄目(だめ)	(명/な형)해서는 안 됨
ペース(pace)	(명)페이스
配分(はいぶん)	(명/スル)배분
気(き)をつかう	신경을 쓰다, 주의하다
まさか	(부)설마

주요문형

1 ～ちゃ(～ては)(조건) -하면

最初(さいしょ)からあんまり飛(と)ばしちゃ駄目(だめ)だ。

처음부터 너무 달리면 안 된다.

동(て형) - て/い형어간く + ちゃ
동(て형)/い형어간くて + は
な형어간/명 + じゃ
な형어간/명 + では

- '～たら(~면)'와 바꿔 쓸 수 있다.
- 뒤에는 부정적인 표현이 온다.
- '～てはいけない(~해서는 안 된다)'의 형태로 사용할 때가 많다.

예문

❶ A：もう一度電話(いちどでんわ)して、聞(き)いてみた方(ほう)がいいかな？

B：「急(せ)いては、事(こと)を仕損(しそん)じる」っていうでしょ。焦(あせ)っちゃ、いけないよ。

A：다시 한번 전화해서 물어보는 편이 좋을까?

B：'서두르면 일을 그르친다'고 하잖아. 조급해하면 안돼.

❷ A：暑(あつ)いね。

B：うん。こう暑(あつ)くては、食欲(しょくよく)もわかないよね。

A：덥네.

B：응. 이렇게 더워서야 식욕도 안 생기네.

❸ A：今、社員、募集してるんでしょ？

B：うん。でも、この条件では、誰も来てくれないんじゃないかな。

A : 지금 사원 모집하고 있지?

B : 응. 하지만 이 조건으로는 아무도 안 오지 않을까.

2 ～せいで　-탓에

ペース配分に気をつかってたら、そのせいで五時間半もかかっちゃった。

페이스 조절에 신경을 썼더니 그 탓에 5시간 반이나 걸렸지만 말이야.

동(보통형)/い형(보통형)/な형어간な/명の＋せいで

- 원인이나 이유를 말하고 싶을 때 사용한다.
- 후행절에는 바람직하지 않은 내용이 들어간다.
- 남의 행동에 대해 말할 때는 비난의 마음이 포함되어 있다.

예문

❶ A：えっ、昨日一睡もしてないの？

B：うん。コーヒーを飲み過ぎたせいで、眠れなくなっちゃって。

A : 어, 어제 한숨도 못 잤어?

B : 응. 커피를 많이 마신 탓에 잠이 안 왔어.

❷ A：遅れるなら、電話ぐらいしてよ。

B：ごめん。携帯を忘れたせいで、連絡できなかったんだ。

A : 늦을거면 전화 정도는 해야지.

B : 미안. 휴대전화를 두고 와서 연락할 수가 없었어.

③ A：どうしたの？ずいぶん落ち込んでるね。
B：私のせいで、試合に負けちゃったんだ。

A：무슨 일이야? 상당히 우울해 보이네.
B：나때문에 경기에 졌거든.

3 ～まい　-하지 않을 작정이다

走り終わった後すぐはもう二度と走るまいと思った。
완주하고 난 직후에는 이제 두 번 다시는 하지 말아야지 생각했다.

① 동(기본형)＋まい
② 동(기본형)＋まい
② い형어간く は/な형어간では/명では＋あるまい

- ① '～しないつもりだ(~하지 않을 작정이다)'라는 의미이다.
- ① '決して(결코)' '二度と(두 번 다시)' 같은 부사와 함께 사용하는 경우가 많다.
- ② '～ないだろう(~하지 않을 것이다)'라는 의미이다.
- 그룹2동사의 경우는 '동(ない형)＋まい'의 형태로도 사용할 수 있다.
- 그룹3동사인 'する'의 경우는 'するまい' 'しまい' 'すまい'의 형태로 활용한다.
- 그룹3동사인 '来る'의 경우는 '来るまい' '来まい' '来まい'의 형태로 활용한다.
- 딱딱하고 약간 예스러운 표현이다.

예문

❶ A：あのアルバイト、そんな大変だったの？

B：うん。二度とやるまいって思ったよ。

A : 그 아르바이트 그렇게 힘들었어?

B : 응. 두 번 다시 하지 말아야지 생각했어.

❷ A：ぐっすり眠れた？

B：どうして起こしてくれなかったの？絶対に寝るまいって思ってたのに…。

A : 푹 잤어?

B : 왜 안 깨웠어? 절대로 자지 말아야지 했는데 (자버렸어).

❸ A：えっ、歌作ったの？ちょっと聞かせてよ。

B：恥ずかしいから誰にも聞かせまいって思ってたんだけど…。

A : 어, 노래를 만들었어? 좀 들려 줘.

B : 창피하니까 아무에게도 들려줄 생각이 없었는데….

연습문제

❶ 怪我人(けがにん)が出(で)(　　　　　　　)、大変(たいへん)だ。

❷ 勉強(べんきょう)しなかった(　　　　　　　)、赤点(あかてん)を取(と)ってしまった。

❸ 今(いま)から出(で)たのでは、さすがに間(ま)に合(あ)う(　　　　　　　)。

정답

❶ ては(부상자가 나오면 큰일이다.)

❷ せいで(공부를 하지 않은 탓에 낙제점을 받았다.)

❸ まい(지금 출발하면 아무래도 시간에 대지 못할 것이다.)

Quiz

❶ 練習で十分に走っておくことを何というでしょうか。

연습으로 충분히 달려두는 것을 뭐라고 할까요?

❷ かたいものとこすれて、手や足などの皮ふにできる水ぶくれのことを何というでしょうか。

딱딱한 것에 닿아서 손이나 발 등의 피부에 생기는 물집을 뭐라고 할까요?

❸ 小股で走るように急いで歩くことを何というでしょうか。

좁은 보폭으로 달리듯이 서둘러서 걷는 것을 뭐라고 할까요?

❹ 悪い行いはすぐに世の中に知れ渡るという意味のことわざを何というでしょうか。

나쁜 행실은 금방 세상에 알려진다는 의미의 속담을 뭐라고 할까요?

❺ 急に走ったり飛んだりした時に、太ももやふくらはぎの筋肉に突然激しい痛みが走り、運動ができなくなってしまう状態のことを何というでしょうか。

갑자기 달리거나 뛰었을 때 허벅지나 종아리 근육에 갑자기 심한 통증을 느껴서 운동을 할 수 없게 되는 상태를 뭐라고 할까요?

정답

❶ 「走り込む(はしりこむ)」라고 합니다.

❷ 「まめ(물집)」라고 합니다.

❸ 「小走り(こばしり)(종종걸음)」라고 합니다.

❹ 「悪事千里を走る(あくじせんりをはしる)(악사천리)」라고 합니다.

❺ 「肉離れ(にくばなれ)(근육 파열)」라고 합니다.

Lesson 13 식물 키우기

01. 식물을 키워본 적 있어?

島田　青木さんって、植物、育てたことある？

青木　はい。野菜なら育てたことあります。

島田　へえ。どんな野菜を育ててたの？

青木　小松菜です。でもベランダに出したところ、鳥に食べられちゃって。

島田　えっ、鳥よけネットとか張ってなかったの？

青木　はい。残念なことに、張ってなかったんですよ。

島田　まあ、ベランダには、いろんな鳥が来るからね。

青木　そうなんですよ。収穫を楽しみにしていただけに、かなりがっかりしました。

島田　まあ、でも、そんなにがっかりすることはないよ。また育てればいいんだからさ。

시마다　아오키 씨는 식물 키워본 적 있어?

아오키　네. 채소라면 키워본 적 있어요.

시마다　아. 어떤 채소를 키웠는데?

아오키　소송채요. 그런데 베란다에 내놓았더니 새가 먹어 버렸어요.

시마다　아니, 방조망을 씌워놓지 않았어?

아오키　네. 안타깝게도 씌우지 않았거든요.

시마다　베란다에는 여러 종류의 새가 오니까.

아오키　그러니까요. 수확을 기대하고 있던 만큼 실망이 컸어요.

시마다　뭐, 하지만 그렇게 실망할 필요는 없어. 또 키우면 되니까.

어휘

植物(しょくぶつ)	(명)식물
育(そだ)てる	(동)키우다, 기르다
小松菜(こまつな)	(명)소송채
ベランダ(veranda)	(명)베란다
鳥(とり)よけ	(명)방조망
張(は)る	(부)치다, 펴다
残念(ざんねん)	(명/な형)아쉬움, 유감스러움
収穫(しゅうかく)	(명/スル)수확
がっかり	(부/スル)실망하다, 낙심하다

주요문형

1 ～たところ　-했더니

ベランダに出したところ、鳥に食べられちゃって。

베란다에 내놓았더니 새가 먹어 버렸어요.

동(た형)＋ところ

- ① '～たら(~했더니)' '～した結果(~한 결과)'라는 의미이다.
- ① 후행절에는 '어떤 결과가 되었다' '어떤 상태가 되었다'는 문장이 온다.
- ① 동작을 나타내는 동사와 함께 사용한다.

  예 軽い気持ちで面接を受けたところ、合格したとの知らせが来た。

  가벼운 마음으로 면접을 봤더니 합격했다고 연락이 왔다.

- ② '~해본 바로는'이라는 의미를 나타낸다.

  예 実際に使ってみたところ、思っていたよりも使いやすかった。

  실제로 사용해봤는데 생각했던 것보다 사용하기 편했다.

예문

1. A：それで、先生には連絡してみたの？

   B：うん。メールを送ったところ、すぐ返信が来たよ。

   A：그래서 선생님께는 연락해 봤어?

   B：응. 메일을 보냈더니 바로 답신이 왔어.

❷ A：えっ、入院(にゅういん)してたの？

B：うん。病院(びょういん)に行(い)ったところ、すぐ入院(にゅういん)しなさいって言(い)われてさ。

A : 어, 입원했었어?

B : 응. 병원에 갔더니 바로 입원하라고 해서.

❸ A：宮本(みやもと)さん、落(お)ち込(こ)んでなかった？

B：うーん。見(み)たところ、元気(げんき)そうだったけど。

A : 미야모토 씨는 기운 없어 보였지?

B : 음. 내가 봤을 때는 괜찮아 보이던데.

2 ～ことに(は) -하게(도)

残念(ざんねん)なことに、張(は)ってなかったんですよ。

안타깝게도 씌우지 않았거든요.

동(た형)/동(ない형)ない/い형(기본형)/な형어간な + ことに(は)

- '매우 ~한 일인데'라는 의미이다.
- 감정을 나타내는 표현과 함께 사용한다.
- 선행절에서 화자의 감정을 상대에게 전달한 후, 후행절에서 구체적인 내용에 대해서 말한다.

예문

❶ A：えっ、小林(こばやし)さん、もう来(き)てるの？

B：うん。驚(おどろ)いたことに、小林(こばやし)さんが一番(いちばん)に来(き)たんだって。

A : 어, 고바야시 씨가 벌써 왔어?

B : 응. 놀랍게도 고바야시 씨가 제일 먼저 왔대.

❷ A：えっ、酒井(さかい)さんが事故(じこ)にあったって本当(ほんとう)？

B：幸(さいわ)いなことに、かすり傷(きず)ですんだって。

A : 아니, 사카이 씨가 사고 났다는 게 정말이야?

B : 정말 다행스럽게 찰과상만 입었대.

❸ A：どうしたの？

B：困(こま)ったことに、カギをなくしちゃって。

A : 무슨 일 있어?

B : 정말 난처하게도 열쇠를 잃어버렸어.

3 ～だけに –한 만큼

収穫(しゅうかく)を楽(たの)しみにしていただけに、かなりがっかりしました。

수확을 기대하고 있던 만큼 실망이 컸어요.

동(보통형)/い형(보통형)/な형어간な/な형어간である/な형어간だった/명な/명(である)/명だった＋だけに

- ① '~이기 때문에 ~에 걸맞게' '~한 만큼'이라는 의미이다.
- ① 후행절에서는 당연하다고 생각되는 것을 서술한다.
- ① '～だけあって(~한 만큼)'와 같은 의미이다.

예 若(わか)いだけあって回復(かいふく)が早(はや)い。

젊은 만큼 회복이 빠르다.

- ② '~이기 때문에 오히려'라는 의미이다.

예 期待(きたい)が大(おお)きかっただけに失望(しつぼう)も大(おお)きかった。

기대가 컸던 만큼 실망도 컸다.

예문

❶ A：またケーブル、ダメになっちゃった。

B：毎日使うだけに、すぐ壊れちゃうんだよね。

A : 또 케이블이 망가졌어.

B : 매일 사용하는 만큼 금방 망가지지.

❷ A：忘れ物をわざわざ届けてくれたんだ。

B：へえ。一流ホテルだけに、サービスが行き届いてるね。

A : 놓고 온 물건을 일부러 갖다줬어.

B : 와. 일류 호텔인 만큼 서비스가 빈틈이 없네.

❸ A：えっ、合格したの？おめでとう。

B：合格するとは思っていなかっただけに、知らせを聞いた時は驚いたよ。

A : 어, 합격했어? 축하해.

B : 합격하리라고 생각 못 한 만큼 소식을 들었을 때는 놀랐어.

4 ～こと(は)ない –필요(는) 없다

そんなにがっかりすることはないよ。

그렇게 실망할 필요는 없어.

> **동(기본형)+こと(は)ない**
>
> - '~할 필요가 없다' '~하지 않아도 된다'라는 의미이다.
> - 상대에게 충고할 때 사용하는 경우가 많다.

예문

1. A：そろそろ準備(じゅんび)しないと、間(ま)に合(あ)わないんじゃない？
   B：まだ時間(じかん)はあるから、そんなに慌(あわ)てることないよ。
   A : 슬슬 준비하지 않으면 늦지 않을까?
   B : 아직 시간이 있으니까 그렇게 서두를 필요 없어.

2. A：えっ、僕(ぼく)が行(い)ったら、迷惑(めいわく)じゃない？
   B：そんなの気(き)にすることないって。一緒(いっしょ)に行(い)こうよ。
   A : 어, 내가 가면 폐가 되지 않을까?
   B : 그런 거 신경쓰지 않아도 돼. 같이 가자.

3. A：僕(ぼく)、大勢(おおぜい)の前(まえ)で話(はな)すの苦手(にがて)なんだけど…。
   B：ただの勉強会(べんきょうかい)だから、そんなに緊張(きんちょう)することないよ。
   A : 나는 많은 사람들 앞에서 말하는 게 서툴러서….
   B : 그냥 스터디 모임이니까 그렇게 긴장할 필요 없어.

연습문제

❶ うれしい(　　　　　　)、友達が応援に来てくれた。

❷ 先輩は普段おだやかな(　　　　　　)、怒ると怖い。

❸ 何もあなたが責任を感じる(　　　　　　)。

❹ 電話で問い合わせ(　　　　　　)、明日は定休日だそうだ。

정답

❶ ことに(기쁘게도 친구가 응원하러 왔다.)

❷ だけに(선배는 평상시에는 온화한 사람인 만큼 화를 내면 무섭다.)

❸ ことはない(당신이 책임을 느낄 필요는 전혀 없다.)

❹ たところ(전화로 문의해보니 내일은 정기휴일이라고 한다.)

Lesson 13 식물 키우기

02. 채소뿐만 아니라 꽃도 키워보고 싶어요

中野　青木さんは、野菜しか育てたことがないんだっけ？

青木　はい。でも本当は、野菜ばかりでなく、花なんかも育てたいんですよね。

中野　花のある生活って、いいよ。何といっても、癒やされるし。

青木　へえ。そうなんですか。初心者の私でも簡単に育てられる植物があったら、教えて下さい。

中野　そうだね。私の経験からいうと、エアプランツなんかから始めるのがいいんじゃないかな。

青木　エアプランツですか？

中野　うん。土が必要ない上に、水やりも少なくてすむとあって、人気なんだって。

나카노　아오키 씨는 채소밖에 안 키워봤어?

아오키　네. 그런데 실은 채소뿐만 아니라 꽃도 키워보고 싶어요.

나카노　꽃이 있는 생활이란 참 좋아. 뭐니 뭐니 해도 힐링이 되고.

아오키　아, 그렇군요. 초보자인 저도 간단하게 키울 수 있는 식물이 있으면 알려 주세요.

나카노　글쎄. 내 경험으로 보면 에어플랜트 같은 것부터 시작하는 게 좋지 않을까.

아오키　에어플랜트요?

나카노　응. 흙이 필요 없는 데다가 물도 별로 주지 않아도 되니까 인기가 많대.

어휘

何(なん)といっても	뭐니 뭐니 해도, 누가 뭐래도
癒(い)やす	(동)치료하다, 낫게 하다
初心者(しょしんしゃ)	(명)초보자
経験(けいけん)	(명/スル)경험
エアプランツ(air plants)	(명)에어플랜트
土(つち)	(명)흙
必要(ひつよう)	(명/な형)필요함
水(みず)やり	(명)물을 줌
人気(にんき)	(명)인기

주요문형

1 ～ばかりでなく　-뿐(만) 아니라

野菜ばかりでなく、花なんかも育てたいんですよね。

채소뿐만 아니라 꽃도 키워보고 싶어요.

동(보통형)/い형(기본형)/な형어간な/な형어간である/な형어간だった/명(である)/명だった＋ばかりでなく

- ‘Aばかりでなく B’는 ‘A만으로도 충분하지만 B도 더해서’라는 의미이다.
- 상대적으로 정도가 낮은 A를 서술한 다음 A보다 정도가 높은 B에 대해서 서술한다.
- 좋은 의미, 나쁜 의미 둘 다 사용한다.
- 약간 딱딱한 표현이다.

예문

❶ A：後輩を育てるのって大変ですよね。

B：うん。しかるばかりでなく、時にはほめることも大切だよね。

A：후배를 키우는 건 힘든 일이죠.

B：응. 꾸짖는 것뿐만 아니라 때로는 칭찬하는 것도 중요하지.

❷ A：どうしてこのアパートにしたんですか。

B：学校から近いばかりでなく、家賃も安かったから…。

A：왜 이 다세대주택으로 정했어요?

B：학교에서 가까울 뿐만 아니라 집세도 싸서….

❸ A：福田さん、中国語ができるんですか。

B：中国語ばかりでなく、韓国語もできるらしいよ。

A : 후쿠다 씨는 중국어를 할 수 있어요?

B : 중국어뿐만 아니라 한국어도 할 수 있다고 하더라.

2 ～からいうと／～からみると／～からすると

-으로 보면/-으로부터 말하자면

私の経験からいうと、エアプランツなんかから始めるのがいいんじゃないかな。

내 경험으로 보면 에어플랜트 같은 것부터 시작하는 게 좋지 않을까.

명+からいうと／からみると／からすると

- '~의 입장에서 생각하면' '~의 관점으로 생각하면'이라는 의미이다.
- 판단의 근거가 되는 것을 명확하게 말할 때 사용한다.
- '～からすると'는 비교할 때 사용할 수도 있다.

예 クラスの平均点からすると、かなり高い点数だった。

반의 평균점으로 보자면 상당히 높은 점수였다.

예문

❶ A：どっちが勝つと思う？

B：うーん。実力からいうと、原選手の方が上じゃないかな。

A : 어느 쪽이 이길 것 같아?

B : 음. 실력으로 보면 하라 선수가 우위일 것 같은데.

❷ A：転職するべきだと思う？

B：まあ、お給料の面からみると、今の会社の方が良さそうだよね。

A : 이직해야 할 것 같아?

B : 음, 급여로 따지면 지금 회사가 좋은 것 같아.

❸ A：この俳優さん、クリスマスに結婚を発表したんでしょ？

B：うん。ファンの立場からすると、ショックだっただろうね。

A : 이 배우는 크리스마스에 결혼을 발표했다면서?

B : 응. 팬 입장에서 보면 충격이었을 거야.

3 ～うえ（に） -하고/-하는 데다가

土が必要ない上に、水やりも少なくてすむとあって、人気なんだって。

흙이 필요 없는 데다가 물도 별로 주지 않아도 되니까 인기가 많대.

동(보통형)/い형(보통형)/な형어간な/な형어간である/な형어간だった/명の/명である/명だった + うえ（に）

- '～に加えて(~에 더해)'라는 의미이다.
- 어떤 일을 거론한 후에 다른 일을 거론하는 표현이다.
- 긍정적 평가뿐만 아니라 부정적 평가에도 사용할 수 있다.
- 후행절에는 선행절과 상반되는 내용은 올 수 없다.

예문

❶ A：これ、何のサプリメントですか。

B：肌がきれいになる上に、二日酔いにも効果があるんだって。

A : 이건 무슨 건강보조제예요?

B : 피부가 좋아지는 데다가 숙취에도 효과가 있대.

❷ A：えっ、先輩におごってもらったんですか？

B：うん。ごちそうになった上に、お土産までもらっちゃった。

A : 어, 선배가 한턱냈어요?

B : 응. 얻어먹은 데다가 선물까지 받았어.

❸ A：今年は果物が不作らしいですね。

B：うん。雨が少なかった上に、気温も低かったからね。

A : 올해는 과일이 흉작이라는 것 같아요.

B : 응. 비가 적었던 데다 기온도 낮았으니까.

4 ～とあって -이니까/-이라서

土が必要ない上に、水やりも少なくてすむとあって、人気なんだって。

흙이 필요 없는 데다가 물도 별로 주지 않아도 되니까 인기가 많대.

동(보통형)/い형(보통형)/な형어간/な형(보통형)/명/명(보통형)＋とあって

- '~이기 때문에'라는 의미이다.
- 선행절에서는 특별한 사정이나 이유에 대해서 말한다.

예문

❶ A：道(みち)、渋滞(じゅうたい)してた？

B：うん。連休(れんきゅう)とあって、どこも渋滞(じゅうたい)してたよ。

A : 길이 막혔어?

B : 응. 연휴라서 어디를 가나 막히더라.

❷ A：羽田空港(はねだくうこう)、混(こ)んでた？

B：うん。韓流(ハンリュウ)スターが来日(らいにち)するとあって、大混雑(だいこんざつ)だったよ。

A : 나리타공항은 혼잡했어?

B : 응. 한류 스타가 일본을 방문한다고 해서 굉장히 혼잡했어.

❸ A：このホテル、観光客(かんこうきゃく)に人気(にんき)なんだってね。

B：うん。安(やす)い上(うえ)に交通(こうつう)の便(べん)がいいとあって、人気(にんき)らしいよ。

A : 이 호텔이 관광객에게 인기라면서?

B : 응. 저렴한 데다가 교통편이 좋아서 인기인 것 같아.

연습문제

❶ 彼女(かのじょ)は歌手(かしゅ)である(　　　　　　)、女優(じょゆう)でもある。

❷ この成績(せいせき)(　　　　　　)、東大(とうだい)に行(い)くのは難(むずか)しいだろう。

❸ 彼女(かのじょ)はスポーツ万能(ばんのう)な(　　　　　　)、勉強(べんきょう)もよくできる。

❹ クリスマスが近(ちか)い(　　　　　　)、どこに行(い)ってもクリスマスソングがかかっている。

정답

❶ ばかりでなく(그녀는 가수일 뿐만 아니라 여배우이기도 하다.)

❷ からいうと(이 성적으로는 도쿄대에 가는 것은 어려울 것이다.)

❸ 上(うえ)に(그녀는 스포츠가 만능인 데다가 공부도 잘한다.)

❹ とあって(크리스마스가 가깝기도 해서 어디를 가나 크리스마스 송이 나온다.)

Lesson 13 식물 키우기

03. 또 관엽식물을 죽여버렸어

井上　また観葉植物を枯らしちゃったんだ。

青木　植物を育てるのが得意な人もいれば、苦手な人もいるでしょ。だからそんなに落ち込むことないって。

井上　いつも買っては枯らしてを繰り返しているから、もうこれ以上植物は買わないほうがいいのかも…。

青木　観葉植物を育てる上で重要なのは、水をあげすぎないことと、風通しのいいところに置くことなんだって。

井上　えっ、どっちもちゃんとできていなかったかも…。

青木　じゃあ、次からは、この二つに気をつけたらいいよ。

이노우에 또 관엽식물을 죽여버렸어.

아오키 식물을 잘 키우는 사람이 있는가 하면 서투른 사람도 있잖아. 그러니까 그렇게 실망할 필요 없어.

이노우에 항상 사서는 말려 죽이기를 되풀이하고 있으니까 더 이상 식물은 안 사는 편이 나을지도 모르겠어….

아오키 관엽식물을 키우는 데 중요한 것은 물을 지나치게 많이 주지 않는 것과 통풍이 잘 되는 곳에 두는 거래.

이노우에 그래? 둘 다 제대로 하지 못했던 것 같네.

아오키 그럼 다음부터는 이 두 가지에 신경을 쓰면 될거야.

어휘

観葉植物(かんようしょくぶつ)	(명)관엽식물
枯(か)らす	(동)시들게 하다, 말려 죽이다
得意(とくい)	(명/な형)자신이 있음, 잘 함
苦手(にがて)	(명/な형)서투름, 잘하지 못함
繰(く)り返(かえ)す	(동)되풀이하다, 반복하다
風通(かぜとお)し	(명)통풍

주요문형

1 ～も～ば、～も　-도 -있고, -도

植物を育てるのが得意な人もいれば、苦手な人もいるでしょ。

식물을 잘 키우는 사람이 있는가 하면 서투른 사람도 있잖아.

명1 + も、동(조건형)/い형어간ければ/な형어간ならば/명ならば、명2 + も

- '~도 있고, ~도 있다'라는 의미이다.
- '여러 가지 경우가 있다'라는 의미로 사용한다.

예 歌が上手な人もいれば、下手な人もいる。

노래를 잘하는 사람이 있는가 하면 못하는 사람도 있다.

- 비슷한 내용을 나열하여 그 성질이나 경향을 강조한다.

예 遊びに行くお金もなければ、暇もない。

놀러갈 돈도 없고 시간도 없다.

예문

① A：いつもこんなに早く起きるんですか。

B：いや、早く起きることもあれば、遅く起きることもあるよ。

A：항상 이렇게 일찍 일어나요?

B：아니, 일찍 일어나는 적도 있고 늦게 일어나는 적도 있어.

② A：クラスメートは、みんな英語が話せるんですか？

B：いや、話せる人もいれば、話せない人もいるよ。

A：반 친구들은 모두 영어를 할 수 있어요?

B：아니, 할 수 있는 사람도 있고 못하는 사람도 있어.

❸ A：片思(かたおも)いの相手(あいて)って、どんな人(ひと)なんですか？

B：それが、会(あ)ったこともなければ、話(はな)したこともない人(ひと)なの。

A : 짝사랑의 상대는 어떤 사람이에요?

B : 그게, 만난 적도 없고 이야기를 나눈 적도 없어.

2 ～ては(반복) -하고서는

いつも買(か)っては枯(か)らしてを繰(く)り返(かえ)している。

항상 사서는 말려 죽이기를 되풀이하고 있다.

동(て형)＋は

- ‘Ａては B’는 ‘A라는 행동을 하면 항상 B라는 행동도 한다’라는 의미이다.
- 반대 의미의 동사 두 개를 사용할 때는 교대로 이루어진다는 의미이다.

예 様々(さまざま)な流行語(りゅうこうご)が生(う)まれては消(き)えていく。

다양한 유행어가 생겨나고는 사라진다.

예문

❶ A：アイドルとして生(い)き残(のこ)るのも大変(たいへん)ですよね。

B：そりゃそうだよ。毎年(まいとし)多(おお)くのアイドルがデビューしては、消(き)えていくわけだからね。

A : 아이돌로서 살아남는 것도 힘든 일이죠.

B : 그건 그렇지. 매년 많은 아이돌이 데뷔하고는 사라지니까.

❷ A：山口(やまぐち)さん、何(なに)かあったんですかね。

B：さっきから窓(まど)の外(そと)を見(み)ては、ため息(いき)ばっかりついているよね。

A : 야마구치 씨는 무슨 일이 있었던 걸까요?

B : 아까부터 창밖을 보고는 한숨만 쉬고 있네.

❸ A：さっきから何をしてるんですか？

B：文章がうまく書けなくて、書いては消してをくり返してるんだ。

A：아까부터 뭘 하고 있어요?

B：글이 잘 써지지 않아서 쓰고는 지우기를 반복하고 있어.

3 ～うえで(목적) -하는 데 있어서

観葉植物を育てる上で重要なのは、水をあげすぎないことと、風通しのいいところに置くことなんだって。

관엽식물을 키우는 데 중요한 것은 물을 지나치게 많이 주지 않는 것과 통풍이 잘 되는 곳에 두는 거래.

동(기본형)/명の＋うえで

- '~하는 경우에'라는 의미이다.
- 후행절에서는 그 때 필요한 것을 서술한다.
- 약간 격식을 차린 표현이다.
- 명사와 함께 사용할 경우 'する동사'의 명사 부분이 들어갈 때도 있다.

예문

❶ A：外国語を学習する上で、必要なものは何だと思いますか。

B：外国語を学習する上で、まず必要なのは時間だと思います。

A：외국어를 배우는 데 필요한 것은 무엇이라고 생각합니까?

B：외국어를 배우는 데 우선 필요한 것은 시간이라고 생각합니다.

❷ A：イギリスの大学に留学するとしたら、学費はどれぐらいかかりますか。

B：学費だけでなく、生活する上でかかる費用も考えておいた方がいいですよ。

A : 영국에 있는 대학에 유학을 간다면 학비는 어느 정도 들까요?

B : 학비뿐만 아니라 생활하는 데에 드는 비용도 생각해두는 편이 좋을 거예요.

❸ A：仕事をする上で、重要だと思うものは何ですか？

B：仕事をする上で、最も重要だと思うのは、職場の人間関係です。

A : 일을 할 때 중요하다고 생각하는 것은 무엇입니까?

B : 일을 할 때 가장 중요하다고 생각하는 것은 직장의 인간관계입니다.

연습문제

❶ 仕事をスムーズに進める(　　　　　　　　)重要なのは、報告・連絡・相談です。

❷ 食べ(　　　　　　　　)寝て、食べ(　　　　　　　　)寝てをくり返していたら、太ってしまった。

❸ 人生というのは、いい時(　　　　　　)あれ(　　　　　　)、悪い時もある。

정답

❶ 上で(일을 원활하게 추진하는 데 중요한 것은 보고· 연락· 의논입니다.)

❷ ては／ては(먹고 자고 먹고 자기를 반복했더니 살이 찌고 말았다.)

❸ も／ば(인생이란 좋을 때도 있고 나쁠 때도 있다.)

Quiz

❶ 遠くから見るだけで、手に入れることのできないもの、あこがれるだけで、自分にはほど遠いものをあらわすことわざを何というでしょうか。

멀리서 쳐다보기만 할 뿐이고, 손에 넣을 수 없는 것, 동경하고 있지만 자신과는 거리가 먼 것을 나타내는 속담을 뭐라고 할까요?

❷ 何の根拠もないうわさのことを何というでしょうか。

아무런 근거도 없는 소문을 뭐라고 할까요?

❸ 苗がよく育つように、良い苗だけを残して他を引き抜き、苗と苗の間を十分に空けることを何というでしょうか。

모종이 잘 자라도록 좋은 모종만 남기고 다른 것은 뽑아서 모종과 모종의 간격을 충분히 두는 것을 뭐라고 할까요?

❹ 口に出して言わないほうが、味わいもあり、差しさわりがなくて良いという意味のことわざを何というでしょうか。

입 밖에 내어 말하지 않는 편이 여운도 있고 껄끄럽지 않아서 좋다는 의미의 속담을 뭐라고 할까요?

❺ 何ごとも成果をあげ、利益を得るまでに長い年月がかかるという意味のことわざを何というでしょうか。

무엇이든 성과를 내고 이익을 얻기까지는 긴 세월이 걸린다는 의미의 속담을 뭐라고 할까요?

정답

❶ 「高嶺(たかね)の花(はな)(그림의 떡)」라고 합니다.

❷ 「根(ね)も葉(は)もない噂(うわさ)」라고 합니다.

❸ 「間引(まび)きする(솎아 내다)」라고 합니다.

❹ 침묵은 금이라는 의미의 속담으로 「言(い)わぬが花(はな)」라고 합니다.

❺ 복숭아나무와 밤나무는 심은지 3년, 감나무는 8년이 지나야 열매를 맺는다는 의미로 「桃栗三年(ももくりさんねん)、柿八年(かきはちねん)」이라고 합니다.

문형 색인

문형	과	본문	문형	페이지
～はおろか -는커녕	4	2	3	107
～ばかりでなく -뿐(만) 아니라	13	2	1	341
～はずない(～はずがない) -리가 없다	3	2	4	79
～はんめん -인 반면	11	2	2	290
～っぷり(～ぶり) -하는 모습/모양	6	2	1	157
～べきだ -해야 하다	1	3	1	31
～べきだった -했어야 했다	5	1	2	124
～まい -하지 않을 작정이다	12	3	3	325
～むき -에 적합하다/-에 알맞다	10	3	2	272
～むけの／～むけに -대상의/-대상으로	5	2	4	134
～も～ば、～も -도 -있고, -도	13	3	1	349
～ものだ(～もんだ) -하기 마련이다	9	3	2	246
～ものですから／～ものだから -이기 때문에	4	2	2	106
～もんではない(～ものじゃない) -하는 것이 아니다	7	3	3	197
～(よ)うが -더라도	5	1	3	125
～(よ)うが、～(よ)うが -하든 -하든	7	1	1	177
～ような／～ように -같은/-처럼/-듯이	8	3	2	222
～ように(의도) -하도록	4	1	4	99
～ようにする／～ようにしている -하도록 하다	5	1	4	126
～(よ)うにも～ない -하려고 해도 -할 수 없다	9	1	2	230
よく(も)～ものだ 잘(도) -하다	6	2	2	159
～わけがない(～わけない) -리가 없다	2	3	2	56
～わけだ -라는 것이다	7	1	2	178
～わけではない(～わけじゃない) -것은 아니다	2	1	1	39

롤플레이 일본어 회화

초판 인쇄	2020년 2월 27일
초판 발행	2020년 3월 6일
지은이	사사 히로코 · 박은정
발행인	김인철
총괄 · 기획	윤성우 Director, University Knowledge Press
편집장	신선호 Executive Knowledge Contents Creator
기획 · 물류	이현진 Planning Expert
사전 · 도서편집	정준희 Contents Creator
전자책 · 도서편집	장혜린 Contents Creator
도서편집	이병철 Contents Creator
	이근영 Contents Creator
재무관리	하누리 Managing Creator
발행처	한국외국어대학교 지식출판콘텐츠원
	02450 서울특별시 동대문구 이문로 107
	전화 02)2173-2493~7
	팩스 02)2173-3363
	홈페이지 http://press.hufs.ac.kr
	전자우편 press@hufs.ac.kr
	출판등록 제6-6호(1969. 4. 30)
디자인 · 편집	(주)이환디앤비 02)2254-4301
인쇄 · 제본	네오프린텍 02)718-3111

ISBN 979-11-5901-746-9 93730 정가 23,000원

*잘못된 책은 교환하여 드립니다.

HUINE은 한국외국어대학교 지식출판콘텐츠원의 어학도서, 사회과학도서, 지역학 도서 Sub Brand이다. 한국외대의 영문명인 HUFS, 현명한 국제전문가 양성(International +Intelligent)의 의미를 담고 있으며, 휴인(携引)의 뜻인 '이끌다, 끌고 나가다'라는 의미처럼 출판계를 이끄는 리더로서, 혁신의 이미지를 담고 있다.

이 책의 음원(mp3)은 한국외국어대학교 지식출판콘텐츠원 홈페이지 (press.hufs.ac.kr) - 게시판 - 자료실에서 다운받아 사용하시기 바랍니다.

롤플레이
일본어 회화